CUANDO LOS DIFUNTOS NOS VISITAN

D1599337

Evelyn Elsaesser

CUANDO LOS DIFUNTOS NOS VISITAN

TESTIMONIOS PERSONALES Y ENTREVISTAS CON CIENTÍFICOS

KEPLER

Argentina – Chile – Colombia – España
Estados Unidos – México – Perú – Uruguay

Titulo original: *Quand les défunts viennent à nous – Histoires vécues et entretiens avec des scientifiques*
Editor original: Éditions Exergue
Traduccion: Nuria Viver Barri

1.ª edición Septiembre 2018

ISBN: 978-84-16344-27-7
E-ISBN: 978-84-17312-11-4
Depósito legal: B-20.528-2018

Fotocomposición: Ediciones Urano, S.A.U.

Impreso por: Rodesa, S.A. – Polígono Industrial San Miguel – Parcelas E7-E8
31132 Villatuerta (Navarra)

Impreso en España – *Printed in Spain*

Para mi padre que, aunque haya partido,
nunca está muy lejos.

Índice

Prólogo a la edición española de Lluís Pastor 11

Prólogo a la edición original de Stéphane Allix................. 17

Unas palabras a modo de introducción 19

1. Presentación de las VSCD............................. 21

   El testimonio de Claudie................................ 21

   ¿Qué son las VSCD? 26

   ¿Cómo se manifiestan las VSCD?.......................... 27

   El testimonio de Marie-Claire 43

2. Más información sobre las VSCD 49

   Profundizar en el conocimiento de las VSCD 49

   Análisis de los testimonios de VSCD recibidos en el INREES 80

   Semiparálisis pasajera 81

   El testimonio de Béatrice 84

   El perfil del receptor 87

   ¿Y el «perfil del difunto que inicia el contacto»?................. 89

   ¿La causa del fallecimiento es un elemento determinante? 90

   El testimonio de Chantal 92

3. Impacto de las VSCD 99

   Íntima convicción de que la experiencia es real 99

   Dificultad de relatar la VSCD 102

   Importancia concedida a las VSCD

     y consuelo sentido por los receptores 106

Convicción de que la persona fallecida continúa existiendo
e implicación de ello para el sistema de creencias 109
El testimonio de Agnès Delevingne (INREES) 113

4. Las visiones en el momento de la muerte:
una VSCD particular 125
¿Cuál es el impacto de las visiones sobre los moribundos?. 136
Las visiones se sitúan en un contexto más amplio 141
Las visiones en el momento de la muerte –
un fenómeno identificado desde hace siglos. 143

5. Consecuencias de las VSCD para el proceso de duelo 149
Entrevista con Louis LaGrand 153
Entrevista con Allan Botkin 162
Entrevista con Vincent Liaudat 172

6. Reflexión sobre la dimensión social del duelo y de la muerte,
aquí y en otros lugares 183
Educación sobre el tema del duelo y de la muerte 186
Entrevista con Natalie Tobert – consideración
de las VSCD en otras civilizaciones 189

7. Autenticidad de las VSCD. 195
¿Las VSCD son alucinaciones? 196
Entrevista con Dean Radin 198
Las VSCD se sitúan en un contexto más amplio 204
Las experiencias de muerte inminente 205
Los médiums 213
Paralelismos entre las diferentes experiencias
alrededor de la muerte 216

Unas palabras a modo de conclusión 235

Prólogo

a la edición española de Lluís Pastor

Un veinte por ciento de la población mundial habría tenido una comunicación con un muerto durante un periodo de luto. Visto así, no parece que se trate de un asunto menor. Empiezo este prólogo al interesantísimo libro de Evelyn Elsaesser exponiendo el dato más prudente de los que circulan en las investigaciones que tratan sobre la comunicación entre los vivos y los muertos. A lo largo de las páginas de este libro, su autora presentará investigaciones que aumentan el índice de incidencia social de estas experiencias extraordinarias.

Mucha gente cuenta a conocidos y a los investigadores que se les acercan sus experiencias de contacto con muertos. Son historias que no llegan a la esfera pública, fundamentalmente porque se sitúan fuera de las creencias que defienden los postulados científicos actuales y que empapan la visión de todos nosotros sobre lo que es normal. Pero se trata de fenómenos que están ahí, agazapados entre los pliegues de la realidad.

No son experiencias nuevas —desde los albores de la humanidad se han sucedido testimonios de este tipo—, ni tampoco podemos decir que hace poco que se investiguen. Las primeras aproximaciones científicas tienen más de un siglo y en estas décadas de dedicación por parte de experimentalistas y de otro tipo de investigadores se han producido suficientes estudios para que se pueda caracterizar el fenómeno. Básicamente estamos hablando de testimonios de personas que dicen que, de manera insospechada y no buscada por ellas, han tenido algún tipo de contacto con difuntos conocidos. Conocidos y, en la mayoría de los casos, amados (y esta última advertencia creo que tiene mucho peso para comprender estas situaciones). Según los testigos, estos contactos se producen mayoritariamente a través de los sentidos: los ven, los oyen, los notan… aunque también pueden producirse a través de sueños (que identifican como «completamente diferentes de los sueños normales, mucho más reales») o mediante otras correlaciones simbólicas que solo el testigo puede explicar (casualidades a las que los testigos les dan un significado especial).

La primera pregunta que uno se hace es ¿qué son realmente estas experiencias? ¿Son comunicaciones reales, son contactos con los muertos o son solo alucinaciones de personas apesadumbradas por una pérdida? Muchos investigadores que se han acercado al tema han definido estas experiencias de un modo distinto, puesto que todas tienen matices. El nombre más común que se puede encontrar en la literatura científica es el de «comunicaciones después de la muerte». Pero Evelyn Elsaesser les puso otro nombre. Tal como lo veo yo, el nombre más prudente de todos los que les han puesto los investigadores que se dedican a este tema. En lugar del término «comunicaciones», ella prefirió hablar de «vivencias subjetivas de contacto con un difunto» (VSCD). Y, con eso, tomar cierta distancia acerca del propio objeto de estudio. Puesto que solo podemos captar estas experiencias por los testimonios de quienes las vivieron (no se ha podido llevar a un laboratorio un acontecimiento de este tipo), Elsaesser habla de «vivencias subjetivas». Como considera que no se puede establecer de manera fehaciente que haya un emisor y un receptor con todas las consecuencias de una comunicación, ella las caracteriza como «vivencias subjetivas de contacto» con el muerto.

Estas vivencias se producen por distintos canales y en eso, Elsaesser parece seguir la estela que marcó el matrimonio Guggenheim hace más de dos décadas, cuando tipificó estas experiencias en función del sentido por el que se producía este supuesto contacto y en función del objetivo que tuvieran estos encuentros. Y rastreando los diversos tipos de contacto con los que los testigos dicen que han experimentado de nuevo a sus seres queridos fallecidos, Evelyn Elsaesser hace la primera de las aportaciones de esta obra, que no es otra que el acopio de nuevos testimonios. Hay que hacer notar que, como este tipo de experiencias no suele ser investigado en profundidad, no se dispone de una base de datos de testimonios nutrida, actualizada y de carácter internacional. La autora proporciona nuevos casos que se añaden a los que difundieron estudios clásicos como los de los Guggenheim, de Louis LaGrand o de Dianne Arcangel. Y los reproduce con el respeto y la delicadeza propia de sus trabajos anteriores, los que me permitieron conocerla.

Conocí a Evelyn Elsaesser a principios de 2015. Hacía pocos meses que me había embarcado en mi propia investigación sobre el tema y hallé el iluminador capítulo que escribió en el libro *Expériences extraordinaires — Le manuel clinique*. No dudé en escribirle y, enseguida, la investigadora de prestigio contestó. A partir de ese momento se inició una colaboración intelectual y afectiva que explica por qué un profesor de Comunicación embarcado en el estudio de este fenómeno está escribiendo el prólogo a la versión española de su última obra.

Evelyn Elsaesser es una investigadora de largo aliento en estas cuestiones. Empezó interesándose hace más de treinta años en las experiencias que dicen haber tenido las personas que han estado cerca de la muerte (o que superaron su línea por algunos segundos), las llamadas «experiencias cercanas a la muerte». Como echaba de menos una aproximación multidisciplinar sobre el asunto, la escribió ella misma en 1996, lo que le permitió conocer a los principales investigadores de estos sucesos. Entre ellos al reconocido profesor emérito de Psicología Kenneth Ring, con el que escribió *Lessons from the light* en 2000. Fue después de eso, y a partir de sus colaboraciones con el INREES (Institut de Recherche sur les Expériences Extraordinaires) acerca de los fenómenos variados que rodean a la muerte, que empezó a investigar sobre las comunicaciones que manifiestan tener algunas personas con fallecidos.

Por lo tanto, *Cuando los difuntos nos visitan* es fruto de más de tres décadas de investigación. Y eso se nota. Se nota en la integración de múltiples fenómenos extraordinarios relacionados con la muerte de un modo u otro. Y, de esta manera, en este libro aparecen los testimonios de personas que dicen que han contactado con muertos o, mejor dicho, que dicen que los muertos han contactado con ellos, puesto que se trata de experiencias inesperadas, provocadas por el propio fallecido. También aparecen análisis de situaciones en las que personas en riesgo de muerte o, incluso con las constantes vitales detenidas, han podido sobrevivir y han contado lo que sintieron y vivieron en esos momentos en los que su cuerpo parecía que había perecido. Aparecen también las experiencias que relatan moribundos acerca de personas fallecidas que vienen a buscarlos en el lecho de muerte. Y aparece finalmente la realidad que encarnan los médiums, personas que dicen que pueden comunicar de manera ordinaria con fallecidos. Evelyn Elsaesser aborda los distintos fenómenos que rodean a la muerte con una visión conjunta, con la intuición de que puede tratarse de expresiones distintas de un mismo fenómeno, puesto que como ella misma afirma: «La perennidad de la sensación de identidad es una constante en estas experiencias».

Para contrastar con otros científicos esta intuición, Evelyn Elsaesser incluye unas entrevistas en exclusiva a expertos que aportan nueva luz a cada uno de los fenómenos. Aunque todas ellas desbrozan aspectos relevantes y complementarios me quedo con las palabras del psicólogo Allan Botkin y con las del investigador sobre la conciencia Dean Radin. Botkin es el creador de una terapia que induce la aparición de fallecidos mediante un método que simula la fase REM del sueño (la fase en la que los ojos se mueven con gran rapidez, de ahí su nombre: Rapid Eye Movement). Sus resultados son espectaculares. En la entrevista, Botkin revela una información que me pareció perturbadora cuando la leí y que sitúa la investigación en ese límite en el que todo puede ser posible: «A veces, mis clientes refieren que sus seres queridos fallecidos les habían dicho durante la experiencia que ya habían intentado desde hacía un tiempo ponerse en contacto con ellos, en vano». Las palabras de Dean Radin, investigador en distintas universidades acerca del origen y de los límites de la conciencia, revelan la desconfianza que generan estas investigaciones entre la comunidad científica y deslizan, en su confesión a la autora, una duda final que abre la puerta al misterio: «Todavía no disponemos de teorías científicas que expliquen la naturaleza de la conciencia y, mientras esto no cambie, no podremos saber con certeza si alguna cosa sobrevive a la muerte física. Así pues, la idea de la comunicación con los difuntos se considera más bien una superstición o una necesidad psicológica, en lugar de algo que es objetivamente lo que parece ser».

A las palabras de Botkin y de Radin, que la pericia de Evelyn traslada a estas páginas, solo se me ocurre añadir que girar el rostro a lo que no entendemos no me resulta una actitud intelectualmente válida, por mucho que no sepamos por dónde empezar. El deber de los investigadores es, precisamente, ahondar en aquello que no entendemos, buscar una explicación a lo inexplicable. Rastrear los límites de lo posible con las yemas de nuestros dedos, sentir el vértigo de las explicaciones que pueden cambiar la comprensión de nuestro mundo. Y, en esta misma línea, termino con una frase de la propia Evelyn Elsaesser, una frase que resume el interés y las consecuencias que, desde mi punto de vista, tiene este tipo de investigaciones improbables de unas experiencias extraordinarias. Unas investigaciones en las que se transita por los más tortuosos senderos en pos de los resultados más reveladores. Dice a este respecto la autora: «Lo que implican estas experiencias es vertiginoso».

Prólogo

a la edición original de Stéphane Allix

Evelyn Elsaesser se cuenta entre los mejores expertos del mundo en experiencias sobre la muerte, en particular en las que se describen con detalle en esta obra.

Cuando el verano de 2003 empezaba mi trabajo de investigación sobre estos temas extraordinarios, el eminente psicólogo estadounidense Kenneth Ring, con quien acababa de entrar en contacto, me recomendó que visitara a Evelyn Elsaesser, en Suiza. Ambos acababan de publicar una obra dedicada a las experiencias de muerte inminente, y Kenneth Ring no ahorraba elogios a Evelyn. La llamé y me sentí enseguida seducido por esta investigadora del alma en quien se aunaban una gran deferencia, una formidable capacidad de escuchar y un rigor minucioso.

De inmediato, se estableció entre Evelyn y yo una relación de respeto y de amistad. Además, unos años después, cuando fundé el INREES (Institut de Recherche sur les Expériences Extraordinaires), Evelyn se convirtió de forma natural en uno de sus pilares y en uno de los miembros activos de nuestro comité científico. Ocupó sobre todo un lugar esencial en las investigaciones que emprendimos para centralizar los conocimientos clínicos disponibles sobre las experiencias de muerte inminente, así como los diversos tipos de relatos de contactos entre vivos y «personas difuntas». Evelyn se dedicó después, con una energía fuera de lo común, a la redacción de tres capítulos centrales del *Manuel clinique des expériences extraordinaires*, entre ellos el que trata sobre las experiencias de «vivencia subjetiva de contacto con un difunto» (VSCD), que fue el término que forjamos nosotros en esa ocasión.

Estas experiencias de supuestos contactos con los difuntos no son anecdóticas. Se producen por decenas de miles a nuestro alrededor. Las personas en duelo que tienen la sensación de establecer, de formas diversas, un contacto o incluso una comunicación con la persona desaparecida se sienten muy emocionadas y reconfortadas, pero también desestabilizadas, pues esta experiencia no se ajusta a la concepción predominante de la realidad. *Cuando los difuntos nos visitan* ofrece claves para comprender mejor estas experiencias y para integrarlas en el proceso de duelo, gracias a los numerosos testimonios de VSCD, a las opiniones expertas de los científicos interrogados y a las reflexiones de la autora.

Evelyn dedica un capítulo a un tipo particular de VSCD, las visiones en el momento de la muerte, durante las cuales las personas en el umbral de la muerte perciben a familiares o amigos fallecidos que vienen «para acompañarlos al otro mundo» y los liberan de inmediato del miedo a la muerte. Estas visiones suelen contarse a las enfermeras, los médicos y los profesionales de la salud, que los distinguen muy claramente de los fenómenos alucinatorios conocidos.

La originalidad y el gran mérito de esta obra consiste en situar las VSCD en un contexto más amplio, el de otras experiencias acerca de la muerte, incluidas las experiencias de muerte inminente y las comunicaciones de los difuntos descritas por los médiums, y en comparar su modo de expresión y su mensaje.

Son muchas las personas que han vivido este tipo de experiencias y, aun así, no se atreven a hablar de ellas ni siquiera con su entorno más próximo. Sin ningún género de duda, es el mayor mérito de esta obra indispensable: sacar estas frecuentes e importantes experiencias de la sombra y la negación. Es la riqueza increíble del trabajo de síntesis de Evelyn Elsaesser.

Cuando los difuntos nos visitan es el fruto de un trabajo de largo aliento, sin duda el más documentado que existe en la actualidad. Este libro, a la vez riguroso y muy agradable de leer, permite reconocer que la vida después de la muerte es una hipótesis racional.

Unas palabras a modo de introducción

¿Has sentido alguna vez la presencia de una persona fallecida? ¿Has tenido la certeza de que se encuentra cerca de ti, te envuelve con su benevolencia, su preocupación y su amor? No puedes verla, pero sabes que está ahí durante un tiempo muy breve, un segundo o dos, quizá algunos minutos. ¿Has oído a un ser amado que ha fallecido transmitirte un mensaje o incluso iniciar una conversación contigo? ¿Has sentido su brazo alrededor de tu cintura, en un gesto familiar experimentado mil veces cuando estaba con vida? ¿Te ha ocurrido alguna vez que lo hayas visto acercarse a ti en tu dormitorio, por la noche o durante el crepúsculo, con un fondo de luz resplandeciente? ¿Te has comunicado con él cuando dormías? ¿No durante un sueño ordinario, sino en un encuentro vívido, claro y coherente que parecía perfectamente real?

Si este es el caso, es muy probable que hayas experimentado una «vivencia subjetiva de contacto con un difunto», o VSCD, una experiencia a la vez muy corriente y paradójicamente poco conocida. Vivir un contacto supuestamente iniciado por un familiar o amigo fallecido es una experiencia positiva, conmovedora y transformadora que va mucho más allá de un consuelo inmediato. Gracias a los numerosos testimonios exclusivos que constituyen la primera parte de esta obra, vamos a examinar en detalle la tipología, las características y las consecuencias de estas experiencias.

Experimentar una VSCD plantea numerosos interrogantes, y compartir esta vivencia con las personas de nuestro entorno puede dar pie a la incomprensión e incluso a reacciones negativas, por falta de información, simplemente. Un buen conocimiento de este fenómeno que todo el mundo puede experimentar después del fallecimiento de un familiar o amigo es importante, puesto que aporta un lenguaje común, a la vez que deja a cada uno la libertad de comprenderlo según su propia sensibilidad.

El fallecimiento de un ser querido trastorna nuestra vida y abre un doloroso y en ocasiones largo periodo de duelo. Experimentar una VSCD es una fuente de gran consuelo y ofrece nuevas perspectivas sobre la supervivencia de la conciencia después de la muerte física y sobre nuestra propia finitud. No obstante, estos contactos no eliminan la tristeza ni permiten ahorrarse el trabajo de duelo que, en cualquier caso, hay que hacer. He tenido el placer de conversar sobre las implicaciones de las VSCD con especialistas en duelo de renombre internacional. Abordamos el tema desde ángulos diferentes y proponemos numerosas pistas para integrar las VSCD en el proceso de duelo, de modo que se pueda sacar de ellas el mayor beneficio posible.

¿Las VSCD son auténticas? Más allá del consuelo que aportan, ¿cuál es su estatus ontológico? ¿Se trata realmente de experiencias «extraordinarias» o sería más acertado hablar de experiencias humanas normales y corrientes, a pesar de que el origen y el «modo operatorio» de estos contactos sean hasta ahora un misterio? Esta pregunta crucial se aborda en el último capítulo con la colaboración de científicos de gran prestigio. Es necesario un enfoque global para examinar estas experiencias. Las vivencias subjetivas de contacto con un difunto no son un fenómeno aislado, se producen en el contexto de otros fenómenos acerca de la muerte, como las experiencias de muerte inminente, las visiones en el momento de la muerte y los contactos que se establecen a través de médiums. Establecer un paralelismo entre estas diferentes vivencias permite comprender mejor estos fenómenos, que en esencia parecen ser de la misma naturaleza.

1

Presentación de las VSCD

El testimonio de Claudie

Claudie V. tiene 63 años y vive en el centro de Alsacia, en el departamento de Alto Rin en Francia. Tiene formación científica (enseña matemáticas), lo suyo es el razonamiento y está acostumbrada al carácter reproducible de los fenómenos analizados, tan necesario para la prueba científica.

«La vida nos gasta bromas, dice, y mi formación no ha impedido que tuviera que enfrentarme a experiencias o fenómenos, no sé muy bien cómo definirlos, que no se ajustaban a la racionalidad en la que me habían educado.»

El 27 de noviembre de 1992, su suegro Camille se enteró de que padecía un cáncer generalizado, del cual murió el 24 de febrero de 1993.

«Era un hombre profundamente creyente, pero muy decepcionado con la Iglesia católica. Practicaba su fe sobre todo en la naturaleza, era allí donde sentía al "Creador". Pese a la corta duración de su enfermedad, tuvimos tiempo de hablar en algunas ocasiones. Puesto que sabía que no tardaría en morir, es evidente que la muerte formaba parte de nuestras conversaciones. De manera que, un día, me prometió que, si cuando estuviera al otro lado podía comunicarse conmigo, lo haría. Le dije que estaba de acuerdo y que le prometía que no tendría miedo.

Tal vez unos quince días después de su fallecimiento, me encontraba en el balcón de nuestra cocina al lado de mi marido. De pronto sentí muy claramente una mano que me rodeaba el codo y me empujaba el brazo. En el mismo instante, reconocí ese gesto tan particular de mi suegro. Hacía ese gesto a veces cuando hablaba con nosotros o quería decirnos alguna cosa. Nunca he conocido a otras personas que hicieran este gesto. Instantáneamente, pensé en él y comuniqué esta percepción a mi marido. Yo "sabía" que él estaba allí, que era él quien acababa de tocarme el brazo, y se lo agradecí. Como le había prometido, no tuve miedo.»

La vivencia de Claudie es sutil, es una sensación más que una experiencia, una percepción delicada y tierna que enseguida la hizo pensar en su suegro. El fallecimiento de Camille era reciente y ella estaba en la expectativa de un contacto, puesto que esto es lo que ambos habían acordado. Su suegro se manifestó mediante un gesto que le era propio y que Claudie solo podía atribuirle a él, puesto que «nunca había conocido a otras personas que hicieran este gesto». El origen de esta percepción no planteaba ninguna duda para ella. A este primer contacto, le siguieron otros.

Claudie y su marido habían hecho construir una casa que Camille nunca pudo visitar porque falleció antes de la entrega de las llaves.

«Nos mudamos en julio de 1993 y, muy a menudo, sentía su presencia detrás de mí mientras nos instalábamos en esta nueva casa. Entonces, le hablaba en mi cabeza, le decía cuánto lamentaba su partida, sobre todo en el momento en que su hijo tenía por fin una casa propia, cosa que siempre había deseado. Para mí, su presencia era familiar. En vida, él sabía que nunca vería aquella casa y había querido regalarnos una chimenea. Había dicho: "El fuego es la vida y, cuando veáis el fuego en vuestra chimenea, pensaréis en mí". Por lo tanto, tenemos una chimenea muy bonita, alicatada como se hace en el este. Un día de otoño o de invierno, la madera ardía alegremente en la chimenea y yo estaba sentada en la mesa corrigiendo ejercicios. Las matemáticas exigen sobre todo una atención sostenida, y por lo tanto estaba concentrada en mi traba-jo. De repente, a pesar del calor del fuego, sentí un frío intenso recorriéndome el cuerpo y me puse a temblar. Al mismo tiempo, sentí su presencia muy cercana detrás de mí, y él me "decía" (¿cómo expresarlo de otra manera?): ¡La música! ¡La música! Efectivamen-te, había puesto un CD mientras trabajaba. Sentí la imperiosa ne-cesidad de levantarme e ir a ver ese CD que había puesto bastante maquinalmente. El título de la pieza era *La danza de las almas santas* (C. W. Gluck). Al ver el título, me deshice en lágrimas y fui a ver a mi marido para hacerle partícipe de este acontecimiento. También agradecí a "Papy" aquel bello momento que acababa de hacerme vivir. Todavía hoy, siento una gran emoción cuando re-cuerdo aquellos preciosos instantes. Había elegido venir cuando la chimenea estaba encendida y cuando la atmósfera estaba impreg-nada con aquella magnífica pieza musical.»

¿Coincidencia o intención? En la chimenea que les regaló Camille, el fuego proporciona un calor agradable y, sin embargo, Claudie siente un frío intenso que la hace temblar en el momento en que experimenta la presencia de su suegro. El ambiente es de estudio y calma, y la aten-ción de Claudie está centrada en su trabajo. No piensa en Camille en este instante y, aun así, la presencia de este se impone a ella con una evidencia fulgurante, ¡está ahí! La pieza musical contenida en el CD que había introducido en el aparato sin reflexionar adquiere un significado que sobrepasa la belleza de la música cuando Camille atrae su atención hacia su título: *La danza de las almas santas*. Claudie vive este instante como un regalo y se sumerge en la emoción. Había prometido a su sue-gro que no tendría miedo en caso de que consiguiera ponerse en contac-to con ella después de su fallecimiento y mantiene su palabra. Acoge estos momentos particulares y tiernos con felicidad y reconocimiento.

Más adelante, Claudie experimenta un nuevo contacto.

«Mis suegros vivían en un magnífico apartamento en Niza. A to-dos nos encantaba reunirnos allí, en la terraza, en el sexto piso, que tenía una vista increíble de 360° que nos permitía ver las montañas y la magnífica bahía. Mi suegra se quedó a vivir allí después del fallecimiento de su marido. Siempre me ha gustado hacer fotos y mi suegro le había tomado el gusto a estos hermosos recuerdos familiares. Le había tomado fotos, incluso cuando ya estaba muy enfermo, y él me había dicho: "Cuando estas fotos estén reveladas, yo ya estaré muerto". (Todavía era la época de los revelados en papel, previa a la era digital.) No se equivocó y revelé aquellas fotos después de su fallecimiento. Al final de una jornada muy hermosa, me encontraba tomando fotos de la familia en la terraza y estaba junto a la barandilla que bordea la terraza, lo cual significa que detrás tenía el vacío de seis pisos. En aquel momento, sentí que su mano se posaba en mi hombro. Instantáneamente, supe que era él y que estaba contento. No puedo decir que oyera ninguna palabra, ni siquiera en mi cabeza, no, él no tenía necesidad de hablar; yo sabía, eso es todo. Tampoco en esa ocasión dejé de agradecerle aquella felicidad y que compartiera aquel momento con su hijo.»

Una vez más, Claudie toma conciencia de la presencia de su suegro. Siente físicamente su mano posada sobre el hombro y experimenta su estado de ánimo; está contento, ella lo sabe, las palabras no son necesarias. Invadida por un sentimiento de reconocimiento, comparte su vivencia con su esposo.

Después tuvo lugar lo que parece ser la última toma de contacto por parte de su suegro.

«Finalmente, unos años después de su muerte, mientras conducía y, por lo tanto, en realidad no pensaba en nada en concreto, de repente sentí que me hablaba dentro de la cabeza. Me dijo que se marchaba, que se iba mucho más lejos y que ya no se pondría más en contacto conmigo. Me sentí un poco triste, pero le respondí que, sin duda, así era como debían ser las cosas. Sus palabras se cumplieron y nunca volví a sentir su presencia. Sigue para siempre en mi corazón.»

Este último contacto, anunciado como tal, es interesante. El difunto parece encontrarse en una evolución dinámica situada en una dimensión que no podemos comprender. Cuántos misterios y cuántas preguntas despiertan las experiencias vividas por Claudie que, por extravagantes que parezcan, son corrientes y comunes. Camille y Claudie, abiertos a la posibilidad de una comunicación *post mortem*, habían hablado de ello y se habían puesto de acuerdo: «Si puedo comunicarme contigo cuando esté en el otro lado, lo haré». Es cierto que Claudie estaba abierta a un potencial contacto, atenta a captar cualquier signo, pero todas las experiencias se produjeron cuando no estaba pensando en su suegro sino ocupada en sus actividades cotidianas.

Recibió estos contactos —aparentemente iniciados por su suegro— con simplicidad, felicidad y gratitud, feliz de poder compartirlos con su marido, el hijo de Camille.

«Me pareció algo hermoso, tranquilizador, en ningún caso espantoso. Tal vez todo esto sea fruto de mi imaginación o la expresión de un más allá verdadero, de una comunicación real, ¿es tan importante saberlo?»

Claudie ha resumido lo esencial de las preguntas que plantea este fenómeno: ¿estas experiencias son reales, auténticas, efectivamente iniciadas por los difuntos, o se trata de vivencias que son producto del inconsciente del receptor como respuesta a la tristeza del duelo? ¿Proceden estas percepciones de una fuente exterior o son generadas por uno mismo? ¿El dolor por la pérdida de un familiar o amigo y la necesidad intrínseca de la continuación de un vínculo, o al menos de un último contacto con esta persona fundamental, pueden explicar estas vivencias? La partida de un ser querido, a menudo, es vivida como prematura por los familiares. Aun cuando, en el mejor de los casos, todo se haya dicho y aunque los últimos días y horas se hayan vivido con serenidad y aceptación de la muerte cercana, siempre habríamos deseado una prórroga para compartir y conversar más; es la propia naturaleza del amor la que hace que así sea. Sin embargo, ¿es suficiente la explicación psicológica?

Para intentar responder a estas preguntas, examinemos estas experiencias más de cerca.

¿Qué son las VSCD?

Claudie V. ha vivido varios contactos con su suegro difunto, que ha percibido con diferentes órganos sensoriales. Ha experimentado pues «vivencias subjetivas de contacto con un difunto» o VSCD.

Durante la redacción del *Manuel clinique des expériences extraordinaires*,[1] la primera publicación del Institut de Recherche sur les Expériences Extraordinaires (INREES),[2] fundado en 2007 por Stéphane Allix, se planteó la cuestión de la denominación que debía identificar a estas experiencias en el capítulo que le dedicamos.[3] En aquella época, las VSCD eran tan poco conocidas en los países francófonos —y todavía lo son en la actualidad— que teníamos la responsabilidad de bautizar este fenómeno. Habríamos podido designar a este fenómeno «comunicación» o «contacto» con un difunto, por analogía con la expresión anglosajona *afterdeath communication*, pero nos decidimos por una denominación más sutil, puesto que habíamos optado por hacer hincapié en el aspecto *subjetivo* de esta vivencia.

Una vivencia subjetiva de contacto con un difunto se produce *espontáneamente*, sin intención por parte de la persona que vive la experiencia (el receptor), ni causa externa aparente. He decidido utilizar el término «receptor» para referirme a las personas que experimentan las VSCD, sin que ello signifique prejuzgar la *fuente* de estas experiencias.

Las VSCD se imponen a los receptores «desde el exterior», nos dicen. Para ellos, no se trata de un fenómeno intrapsíquico.

---

1. Stéphane Allix y Paul Bernstein, *Manuel clinique des expériences extraordinaires*, París, InterEditions – INREES, «Nouvelles évidences», 2013.

2. www.inrees.com.

3. Evelyn Elsaesser-Valarino, «Vécu subjectif de contact avec un défunt», en *Manuel clinique des expériences extraordinaires*, París, InterEditions – INREES, «Nouvelles évidences», 2013, pp. 131-159.

Las VSCD son contactos *directos*, aparentemente iniciados por el difunto, sin intervención de un médium —o *canal*— y sin utilización de la escritura automática, la transcomunicación instrumental (TCI)[4] u otros procedimientos. Los contactos establecidos por iniciativa del que sufre el duelo a través de un médium, que son mucho más conocidos por el gran público, se abordarán solo de una manera marginal en esta obra.

Una VSCD es un contacto o una comunicación que se produce espontáneamente, sin intención por parte de la persona que vive la experiencia (el receptor), ni causa externa aparente. Se trata de un contacto directo, al parecer iniciado por el difunto, sin intervención de una tercera persona (médium), ni utilización de la TCI, la escritura automática, etc. Durante la VSCD, parece producirse una transferencia de información en sentido único o bilateral.

¿Cómo se manifiestan las VSCD?

Se han identificado diferentes tipos de contactos con los difuntos, que pueden percibirse con los cuatro órganos sensoriales: el oído, el tacto, el olfato y la vista (el sentido del gusto no se ve afectado). Las personas en duelo pueden experimentar, poco después del fallecimiento o durante un periodo más largo, diferentes tipos de experiencias percibidas como iniciadas por el propio difunto o puede repetirse un mismo tipo de contacto. Muy a menudo se ven implicados simultáneamente varios órganos sensoriales; por ejemplo, podemos oír a una persona fallecida que nos dice que está bien y que no debemos preocuparnos por ella, a la vez que sentimos el olor de su colonia preferida. Algunos tipos de VSCD son

---

4. La transcomunicación instrumental, o TCI, se emplea con el objetivo de establecer un contacto con los difuntos mediante la creación de interferencias con un aparato de radio o un televisor para obtener una imagen o un sonido confuso y después esperar más o menos tiempo, observando los fenómenos que se producen.

más frecuentes que otros. Los contactos durante el sueño o la impresión de sentir la presencia del familiar o amigo fallecido son muy corrientes, mientras que la percepción del difunto provisto de un cuerpo que parece sólido es un fenómeno más raro e impresionante, sobre todo cuando la aparición inicia un diálogo telepático. Según el tipo de contacto experimentado, varía la intensidad de la experiencia, así como su impacto sobre el receptor.

Una VSCD casi siempre tiene relación con un fallecimiento, reciente o más lejano en el tiempo. La mayoría de las experiencias se producen a lo largo del año siguiente al fallecimiento, con una fuerte concentración en las primeras veinticuatro horas y hasta siete días después de la muerte. También pueden producirse contactos, con una frecuencia decreciente, de dos a cinco años después del fallecimiento. Los contactos que tienen lugar transcurridos entre cinco y más de treinta, incluso cuarenta años tras el fallecimiento son mucho más raros y, a menudo, se producen en situaciones de crisis. Estas VSCD «de protección» sirven para advertir a los receptores de un peligro inminente, potencialmente fatal, y les permiten evitar un accidente, un ahogamiento, una agresión, socorrer a un niño en peligro, etc.

En las siguientes páginas, presentaré los diferentes tipos de VSCD, ilustrados con testimonios de primera mano. De hecho, cuando en 2013 publiqué un artículo titulado «VSCD: hallucination ou dernière communication?»[5] (VSCD: ¿alucinación o última comunicación?) en *Inexploré* —la revista del INREES—, lanzamos un llamamiento para recibir testimonios, que llegaron en gran cantidad y de los que me serviré a lo largo de este libro. En la mayoría de los casos, he optado por transcribir los testimonios en su totalidad, para que el lector pueda entrar en el universo del testigo, en una experiencia que era importante para él.

Descubrirá así testimonios plurales, cada uno con su tonalidad y su color propios, pero todos ellos con el mismo mensaje subyacente: el vínculo con nuestros familiares o amigos fallecidos parece perdurar más allá de la muerte.

---

5. Evelyn Elsaesser-Valarino, «VSCD: hallucination ou dernière communication?», *Inexploré*, n.º 19 (2013), pp. 84-88.

¡Queremos dar calurosamente las gracias a todas las personas que han confiado en nosotros y nos han mandado sus testimonios! Un estudio llevado a cabo por los estadounidenses Bill y Judy Guggenheim[6] ha permitido clasificar las VSCD. Durante la década de 1980, realizaron entrevistas a 2.000 estadounidenses y canadienses, y analizaron los 3.300 relatos de VSCD recogidos. Se seleccionaron 353 testimonios y se publicaron en su *best seller Hello from Heaven*,[7] publicado en español en 2009 con el título de *Saludos desde el cielo*.[8]

La siguiente presentación de los diferentes tipos de VSCD se basa en la clasificación de Guggenheim, ligeramente adaptada por mí.

Las **VSCD de «sensación de una presencia»**, descritas por Claudie en el capítulo anterior, son muy frecuentes. El receptor siente la presencia familiar de la persona fallecida pero no puede verla, olerla ni oírla. La presencia parece tener una cierta densidad, casi física aunque sea invisible, y el receptor sabe exactamente en qué lugar del espacio se encuentra el difunto. La identidad y la personalidad del difunto emanan con claridad de esta presencia y permiten una identificación inmediata. Esta vivencia es muy diferente de la experiencia bien conocida de las personas en duelo de «sentir al difunto siempre a su lado» o de «llevarlo constantemente en su corazón». Es una percepción inesperada y breve (unos segundos, como mucho unos minutos) que tiene un principio y un final claramente definidos. Parece emanar de esta presencia un sentimiento de amor y de solicitud, y la experiencia se vive como reconfortante e incluso alegre. A veces, estas percepciones van acompañadas de una disminución de la temperatura ambiental o de una corriente de aire. Este tipo de VSCD se combina a menudo con una VSCD auditiva.

Cedamos la palabra a nuestros testigos…

---

6. www.after-death.com.

7. Bill Guggenheim y Judy Guggenheim, *Hello from Heaven: A new field of research —After-Death Communication— confirms that life and love are eternal*, Nueva York, Bantam Books, 1997.

8. Bill Guggenheim y Judy Guggenheim, *Saludos desde el cielo: una investigación sobre los contactos después de la muerte*, traducción de Juan Carlos Tafur Saavedra, Barcelona, Océano, 2009.

Brigitte F. es enfermera y gestora de salud en oncología. Dice haber experimentado en su lugar de trabajo sensaciones extrañas tras el fallecimiento de un paciente, pero la VSCD que describe se refiere a su suegra.

«Mi suegra falleció hace más de tres años. Antes de ingresar en la residencia para la tercera edad y de encontrarse postrada, incluso depresiva y dependiente, era una mujer con fuerte personalidad, autoritaria y que tenía dotes de videncia. Su hijo, mi pareja, me contó que siendo niño había visto pasar por su casa a muchas personas que acudían a ella para consultarla.

A pesar de todo, yo tenía buenas relaciones con ella y a veces me hablaba discretamente de este don antes de vivir en la residencia. Me entendía bien con mi suegra, pero no era su confidente y, a veces, existía un poco de distancia entre nosotras [...].

La acompañé hasta el final y le dije que era necesario que partiera. Su vida se había convertido en un infierno en cuidados paliativos [...].

Y después, sin que pueda explicarlo, el año siguiente a su fallecimiento sentí con intensidad su presencia, de manera regular. No podía verla, pero sabía que era ella. Me sorprendí pidiéndole ayuda y, en ocasiones, también pidiéndole que me dejara tranquila, pues su presencia era fuerte y me alteraba. Era benevolente, pero a veces me asustaba porque estaba muy presente en mi vida cotidiana. Pudo guiarme en algunas elecciones y ayudarme a tomar decisiones.

Su hijo, por su parte, no sentía nada y, cuando él quería visitar su tumba, a mí no me parecía importante ir al cementerio, ¡porque le decía que ella no estaba allí!

No hablé demasiado de aquella situación, solo a mi cónyuge, que respeta y cree lo que le digo.

Ignoro por qué me sucedió esto y si se repetirá, pero tengo la íntima convicción de que la conciencia no muere con el cuerpo.

Por otra parte, desde hace años noto muchas sincronicidades en mi vida cotidiana. La persona que quiere estar atenta a lo que la rodea puede recibir regularmente mensajes que la guíen en sus elecciones.»

Brigitte percibía a menudo la presencia de su suegra fallecida. Tan a menudo que acabó por sentir estos contactos como opresivos. No es habitual. Algunas personas han percibido un contacto o dos, otras describen experiencias más numerosas, pero los contactos casi diarios son excepcionales.

Veamos el testimonio de Michèle H.

«Mi exmarido falleció en enero de 1994. Una mañana de abril de 1994, estando en la cama (dormitorio en el primer piso) —y preciso que estaba despierta—, oí crujir la escalera que asciende al primer piso como si alguien subiera, pero no había nadie conmigo en la casa.

Sentí como una presencia (en el lado izquierdo) y era como si aquella presencia se hubiera sentado en el borde de la cama, a mi lado. Incluso tuve la sensación de que dejaba su huella en el nórdico, porque estaba un poco aplastado. Entonces, me dijo (yo oí su voz): *No sabía que te había hecho sufrir tanto*. Quería decir con esto que me había abandonado y que nos habíamos divorciado. Entonces sentí su vibración. Me cuesta expresar con palabras lo que sentí, porque es muy difícil de describir. Abracé la vibración de mi exmarido entre los brazos y después su presencia se marchó.

Viví un momento maravilloso. Fue como un baño de amor, un consuelo, un gran bienestar que duró varios días y todavía me gusta rememorarlo. Tengo la sensación de que, gracias a lo que pasó, he podido perdonar a mi exmarido. Nunca olvidaré aquel momento.»

«No sabía que te había hecho sufrir tanto»..., ¿qué ocurrió? ¿Cómo y en qué momento se produjo esta toma de conciencia? Todo induce a pensar que este hombre no pudo —o no quiso— darse cuenta durante su vida de la pena que había infligido a su exesposa. ¿Acaso su nuevo estado de ser desencarnado le daba el conocimiento necesario para esta toma de conciencia y, en consecuencia, para poder lamentar lo sucedido? Un sufrimiento que se mantiene en suspenso, una herida que nunca ha cicatrizado realmente..., y he aquí que una furtiva sensación de contacto elimina todo esto y permite que se instale el perdón. Sea cual sea el origen de las VSCD, es evidente que son experiencias poderosas.

Las VSCD de «sensación de una presencia» pueden contener información que hace pensar en una «visión por la mente».

> «Estaba en la casa de mi suegro, sentado a su lado. Hablamos de todo tipo de cosas y él me dijo más o menos esto:
> —Hay muchas cosas en este mundo que no podemos ver.
> De repente, tuve la sensación de que un hombre estaba a su lado y respondí:
> —Sí, como este hombre que está a tu lado.
> Sentí que era un hombre que llevaba un sombrero y una chaqueta gris. No podía verlo, solo lo sentía, es difícil de explicar. Simplemente, sabía con exactitud cómo era aquel hombre [...].»[9]

Este testimonio es particularmente interesante, puesto que la sensación de percibir la presencia del difunto —en este caso desconocido para el receptor— se completa con una indicación de su apariencia. Parece haberse producido una transferencia de información, sin que por ello se trate de una visión.

La experiencia de Suzanne F. es atípica en su «modo operatorio» y no encaja bien en ninguna de las categorías de la clasificación de Guggenheim. Sin embargo, se parece mucho a una VSCD de «sensación de una presencia», de una presencia-luz, como descubrirá en el testimonio siguiente.

> «En 1991, perdí a mi padre. Esto me afectó mucho, para mi gran sorpresa, porque había tenido una relación bastante distante con

---

9. Erlendur Haraldsson, *The Departed among the Living: An Investigative Study of Afterlife Encounters*, Guildford (Gran Bretaña), White Crow Books, 2012, p. 38.

él. Siempre había creído que me costaría más sobrellevar la pérdida de mi madre, a la que me sentía más cercano.

Me sentía abatida, no podía escapar del estado de desamparo en el que me encontraba y tenía la sensación de que me habían amputado una parte de mí misma.

Unos días después del funeral, una tarde que me encontraba en la cama, me sentí como envuelta por una "luz benevolente", una especie de aura que venía a calmar y aliviar mi tristeza. Tuve la sensación de que era mi padre que venía a transmitirme una fuerza que me permitiría seguir viviendo.»

Las **VSCD auditivas** se presentan de dos modos: o bien los receptores oyen una voz que parece proceder de una fuente exterior, de la misma manera que oirían a una persona viva, o bien perciben una voz «en su cabeza». En el segundo caso, hablan de un mensaje «colocado en su conciencia» y especifican que el origen de la comunicación se sitúa en el exterior de ellos mismos y que no se trata de un pensamiento. Por lo tanto, se trataría de una comunicación telepática.[10] En ambos tipos de contactos, se reconoce sin ninguna duda a los difuntos por la entonación de su voz y por una cierta manera de expresarse característica de él o de ella. La comunicación puede ser en sentido único o bilateral.

Veamos un testimonio que se refiere a una voz interior que manda un mensaje de manera telepática.

«Me presento brevemente: soy una mujer de 37 años, profesora de escuela, y vivo con mi hija.

Hace un año, perdí a mi hermano menor, mi cuñada, mi sobrina (de casi 4 años) y mi sobrino (2 años) en un accidente de automóvil. Una noche, durante el mes de septiembre, es decir cinco o seis semanas después de su fallecimiento, tuve la suerte de "oír" a mi sobrina por telepatía. Era cerca de medianoche y miré el dormitorio sin saber por qué me había despertado y sin advertir

---

10. Definición del Diccionario de la Real Academia Española: Transmisión de contenidos psíquicos entre personas, sin intervención de agentes físicos conocidos.

nada especial. En el momento en que volvía a cerrar los ojos y despejaba la mente (¡sobre todo no pensar para evitar el insomnio!), la oí en el interior de mi cabeza, en el cerebro. Era una "voz" fuera de mi conciencia, la de una niñita de 4 años: ¡mi sobrina!

El "sonido" parecía venir de lejos, como si hablara a través de un tubo (así es como lo viví). Aquello duró solo unos segundos, el tiempo de una frase... Mi sobrina parecía divertirse, el tono de su voz era alegre.

Entonces sentí una alegría inmensa y después mucho miedo (¡dormí durante meses con la luz encendida!).

En cambio, debo confesar que para mí no existe ninguna duda: siguen estando aquí, aunque ahora son invisibles...»

(Sandra G.)

Los mensajes recibidos durante las VSCD

¿Qué «dicen» los difuntos? ¿Qué comunican a sus familiares o amigos?

Evidentemente, cada mensaje es único porque está dirigido a una persona en particular y marcado por un pasado común y una historia común, única también. No obstante eso, se pueden esquematizar los contenidos porque, en esencia, son relativamente homogéneos. El mismo hecho de que parece que puedan comunicarse con los vivos implica que los difuntos continúan una existencia —en otra parte—, cuya naturaleza sobrepasa nuestra comprensión. El impacto más fuerte procede, sin duda, de esta aparente capacidad de toma de contacto, una revelación para unos y la confirmación de una convicción preexistente para otros (una forma de conciencia sobrevive a la muerte física). Los mensajes suelen estar impregnados de amor *(Te quiero, siempre estaré a tu lado, velo por ti)* y tranquilizadores *(Estoy bien, no te preocupes por mí)*. Animan a las personas que sufren a salir de su duelo *(No estés triste, continúa tu camino en la vida)*, pero también a no retenerlos *(Déjame partir, soy feliz)*; a veces, dejan entrever una reunión futura *(Nos volveremos a ver un día)*. Cuando las relaciones entre el receptor y el difunto eran conflictivas o dolorosas, los contactos sirven para pedir perdón, o en ocasiones para justificarse *(Te he hecho daño, perdóname, esto es lo que me llevó a actuar de aquella manera…)*.

Hay que señalar que los mensajes no contienen ninguna información sobre la nueva forma de existencia de los difuntos y no revelan nada de su «nueva morada». Solo se describe sumariamente el estado de ánimo de la persona fallecida *(Estoy bien, soy feliz, he vuelto a casa)*.

En una **VSCD táctil,** los receptores sienten un contacto en una parte del cuerpo; por ejemplo, un roce, una presión, una caricia, un beso, una mano colocada en el hombro o un auténtico abrazo. Sin embargo, cuando intentan tocar al difunto, no encuentran ninguna resistencia física, de modo que su mano pasa, por ejemplo, a través de lo que se percibía como el brazo del difunto. El contacto se vive como consolador, y los receptores reconocen enseguida al fallecido por la familiaridad de su gesto, característico de él o de ella. Este tipo de VSCD, relativamente raro, es muy íntimo y suele producirse entre cónyuges/parejas y miembros de una misma familia. Algunos describen que el contacto se acompañaba de un «flujo eléctrico» o de una «oleada de energía». Las VSCD táctiles se producen a menudo en combinación con otros tipos de contactos, como la sensación de presencia o un VSCD auditivo.

Veamos el testimonio de Elisabeth L.

«Mi padre falleció cuando yo era muy joven y me encontraba con él en ese momento. Le gustaba Teilhard de Chardin y siempre nos había dicho que quería que grabáramos en su tumba esta frase: "La muerte no existe". Por supuesto, respetamos su deseo.

Muchos años más tarde, mientras leía un libro sobre este tema, de repente tuve la sensación de comprender realmente, desde lo más profundo de mí misma, con toda mi alma, lo que mi padre quería decirnos a través de estas palabras, como si hasta aquel día solo hubiera tenido una comprensión velada y difusa de esta frase.

No pude detenerme a pensar en ello porque era la hora de salir a trabajar, y me preparé para ello. Mis pensamientos se volvieron más prosaicos y se centraron en la jornada de trabajo que me esperaba.

De repente, sentí físicamente como una presencia cálida y benevolente, pegada a lo largo de todo el cuerpo, se me aceleró el corazón y se puso a latir con mucha intensidad. No obstante, no sentí ningún malestar ni angustia, y una "voz" en la cabeza me dijo: *Sí, querida, tienes razón*. En cualquier caso, este es el sentido de lo que percibí. Sabía que se trataba de mi padre. Después, esta presencia se despegó con suavidad de mí y me dejó una especie de euforia tranquila.

Nunca he olvidado aquel momento, que me acompaña con dulzura y felicidad.»

Sandra G., que perdió a una parte de su familia en un accidente de coche, ha experimentado varias VSCD.

«No he oído nada después [de la VSCD auditiva citada anteriormente]; en cambio, a menudo siento una especie de "roces" en la zona de la cabeza, así como desplazamientos de aire frío. A veces, estos roces son tan "intensos" que me sobresalto o dejo de hacer lo que estaba haciendo...»

Sin embargo, en la experiencia de Monique O., la alegría del reencuentro se echó a perder por culpa del miedo.

«Mi marido falleció el 6 de mayo de 1991. Yo estaba inconsolable. Buscaba sin descanso un signo suyo.

Una noche, oí su voz que me decía:

—Estoy aquí.

—No te veo.

—No puedes verme, pero puedes sentirme.

Me levanté.

—¡Abrázame!

Hice el gesto y lo sentí. Aquello representó un choque tan fuerte para mí que él se marchó. ¡Después lo lamenté y me arrepiento de haber tenido tanto miedo!»

Frecuencia de las VSCD – ¿Se puede cuantificar el fenómeno?

Las vivencias subjetivas de contacto con un difunto espontáneas y directas son muy habituales, pero casi inexistentes en el discurso mediático. Los contactos con los difuntos establecidos por iniciativa de un familiar o amigo a través de un médium son relativamente bien conocidos por el gran público y han sido objeto de publicaciones, documentales y programas de radio y de televisión, pero no ocurre lo mismo con las VSCD. Es probable que millones de españoles y sudamericanos hayan experimentado vivencias subjetivas de contacto con un difunto y, sin embargo, apenas se ha documentado este fenómeno en los países hispanohablantes. Existe una discordancia muy notable entre la vivencia de numerosas personas y su consideración mediática e incluso podemos decir que sociológica, pues, dada esta frecuencia, se trata de un hecho de sociedad.

En otras partes del mundo, en cambio, en particular en los países anglosajones, las VSCD empiezan a conocerse, gracias sobre todo al *best seller* de los Guggenheim —*Saludos desde el cielo*— antes mencionado. Ha llegado el momento de tematizar este tipo de contactos *post mortem* también en nuestras latitudes.

Hasta el momento, las VSCD han sido objeto de escasas investigaciones científicas y carecemos de estadísticas recientes. Aun así, algunas cifras interesantes destacan de una amplia encuesta europea[11] realizada sobre valores humanos, llevada a cabo, en su primera versión, en 1981 en dieciséis países. En esta encuesta se analizaron las experiencias psíquicas en los ámbitos de la telepatía, la clarividencia y el contacto con los difuntos. En el último caso, se preguntó a los individuos encuestados: «¿Ha tenido alguna vez la sensación de estar realmente en contacto con una persona fallecida?» Se observaron grandes diferencias nacionales, que van del 9% al 41%. Islandia ocupaba el primer lugar, con un 41% de personas que respondieron afirmativamente a la pregunta planteada, seguida de Italia, con un 34%, la República Federal de Alemania con un 28%, Gran Bretaña con un 26%, Francia con un 24%,

---

11. www.europeanvaluesstudy.eu. EVS (2011): EVS – European Values Study 1981 – Integrated Dataset. GESIS Data Archive, Cologne. ZA4438 Data file Version 3.0.0, doi:10.4232/1.10791

Bélgica con un 18%, Irlanda y España con un 16%, Finlandia y Suecia con un 14%, Holanda con un 12%, Dinamarca con un 10% y Noruega con un 9%. En resumen, se desprende de esta encuesta que una cuarta parte de los europeos refiere un contacto directo con una persona fallecida.[12,13]

Por lo tanto, un 16% de los españoles habría experimentado una VSCD, una cifra bastante significativa. La formulación de la encuesta, «¿Ha tenido alguna vez la impresión de estar realmente en contacto con una persona fallecida?», es explícita. No se trata de una vaga sensación de presencia, sino de la impresión de un contacto real. Es intrigante constatar que se concede tan poca atención a este importante fenómeno.

En Estados Unidos se han registrado estimaciones de casos de VSCD todavía más elevadas. Bill y Judy Guggenheim estiman que entre 60 y 120 millones de estadounidenses habrían experimentado uno o varios contactos con difuntos; es decir, entre un 20% y un 40% de la población global de Estados Unidos,[14] y Louis LaGrand estima que 70 millones de estadounidenses, el 44%, habrían experimentado una VSCD.[15]

Quienes han perdido a su cónyuge o a su pareja parecen experimentar VSCD en una proporción especialmente importante. En la década de 1970, el investigador y médico británico W. D. Rees se puso en contacto con el 81% de todos los viudos y viudas de una provincia del país de Gales en un periodo determinado, un total de 293 individuos, y descubrió que el 50% de los viudos y el 46% de las viudas habían experimentado en estado de vigilia un contacto con su cónyuge fallecido, de los cuales un 39% sintieron su presencia, un 14% los vieron, un 13% los oyeron y un 12% se comunicaron con ellos. El 3% fue tocado físicamente por su cónyuge fallecido.[16] Otros investigadores observaron valores

---

12. Media ponderada con respecto al tamaño de las poblaciones.

13. Evelyn Elsaesser-Valarino, «Vécu subjectif de contact avec un défunt», art. cit., pp. 137-138.

14. www.after-death.com.

15. Louis E. LaGrand, *Gifts from the Unknown: Using Extraordinary Experiences to Cope with Loss and Change*, San José, Nueva York, Authors Choice Press, 2001, p. 27.

16. W. D. Rees, «The Hallucinations of Widowhood», *British Medical Journal*, 1971, 4(5778), pp. 37-41.

más o menos idénticos. Los investigadores estadounidenses Jeffrey y Jody Long estiman los contactos experimentados por viudos y viudas entre un 47% y un 51%.[17]

¿Qué significan estas estadísticas? Indican sin ninguna duda que las VSCD, sea cual sea el tipo y la intensidad de las mismas, no son un fenómeno marginal. Un gran número de personas tiene estas experiencias día a día en todo el mundo y ni siquiera saben cómo llamarlas, ni cómo situarlas en su concepción de la realidad. Es importante, incluso urgente, darles un estatus ontológico.

Llamamos **VSCD olfativa** a un contacto durante el cual aparecen fragancias asociadas a un familiar o amigo fallecido. Los olores típicos son los de un perfume, una loción para después del afeitado, un jabón o incluso un olor corporal característico, pero la gama de olores significativos descritos es amplia. Puede tratarse de flores, pero también de alimentos, bebidas, tabaco, etc. Las fragancias se manifiestan de repente, sin razón aparente y fuera de contexto, en el interior o al aire libre, sin que se pueda detectar ningún origen de las mismas. Después de unos segundos o, como mucho, unos minutos, los olores se disuelven. Es el tipo de VSCD que con mayor frecuencia se comparte con un grupo de personas.

Veamos un ejemplo.

«Era el 15 de noviembre de 2007, un año después de la partida al más allá de mi esposo. Estaba relajada en mi butaca y la presencia de mi esposo me alertó. Se inclinó a mi izquierda entre la biblioteca y la butaca, y me dio un beso suave en la mejilla izquierda. No había demasiado espacio y tuvo que pasar por encima de mí, porque sentí el olor claramente reconocible de su agua de colonia a mi derecha. Giré un poco la cabeza, muy emocionada, y supuse que se disponía a sentarse en el sofá, pero no vi a nadie.»

(Denise R.)

---

17. www.adcrf.org.

Las **VSCD visuales** se presentan en formas variadas. Los difuntos pueden percibirse o bien parcialmente (la cabeza y el busto), o bien en su totalidad, con una gradación en cuanto a su nitidez. Las descripciones van desde la visión de una silueta vaporosa y semitransparente, que permite ver los objetos que se encuentran detrás, hasta la percepción de un cuerpo perfectamente sólido, pasando por todos los estadios intermedios. A veces, se produce una evolución dinámica en la percepción: primero se percibe una forma brumosa, que poco a poco se solidifica, pasando por el estadio de silueta, para finalmente tomar la forma de una persona sólida que parece viva. En algunas ocasiones, la aparición solo se ve por el rabillo del ojo, pero se identifica. Las apariciones, que a menudo están rodeadas de una luz, se describen a veces como un desplazamiento flotante a unos centímetros del suelo, con los pies invisibles. Estas apariciones pueden producirse en el interior, a menudo de noche en el dormitorio, o en el exterior, e incluso en un coche, un barco, etc. Los casos en que una persona ve la aparición de un familiar al que no conoce y que identifica más tarde en una foto (por ejemplo, un antepasado o un pariente lejano) no son raros. A veces, las apariciones van acompañadas de una disminución de la temperatura ambiental, en ocasiones combinada con corrientes de aire.

Los difuntos son percibidos en la flor de la edad y con una salud resplandeciente, al margen de la edad que tuvieran cuando murieron y de la enfermedad que pudiera haber marcado su rostro. Es muy frecuente que el ser amado fuese visto por última vez el día de su fallecimiento, si los familiares y amigos estaban presentes, en la capilla ardiente o durante el entierro. Es una imagen triste para guardar en el corazón. Las VSCD visuales permiten sustituir este último recuerdo desolador por una nueva imagen, bella y tranquilizadora.

Veamos un testimonio de una aparición, combinada con una VSCD táctil y auditiva. Se trata de una experiencia parcialmente compartida entre una madre y su hija.

«Estos hechos tuvieron lugar el 15 de diciembre de 1990, dos semanas después del fallecimiento de mi esposo, de 46 años de edad. Su muerte fue la consecuencia de un examen médico mal realizado que le ocasionó una pancreatitis aguda que se lo llevó en cuarenta y ocho horas.

Eran aproximadamente las 6:45 h, aquella mañana, cuando mi hija se preparaba en el cuarto de baño contiguo para salir a tomar el autobús que la llevaría al instituto.

Yo estaba despierta desde hacía más o menos una hora y repasaba mentalmente todos los acontecimientos de la jornada que estaba a punto de empezar, en especial la organización de la misa que había encargado para él en la iglesia de nuestro pequeño municipio.

A los pies de la cama, de pie en la penumbra del dormitorio, que estaba apenas iluminado por la luz eléctrica del pasillo, vi aparecer de repente la silueta de un ser. Se acercó y se inclinó para tumbarse a mi lado en la cama. ¡Mi primer pensamiento fue que aquello le sería imposible, porque yo estaba en el borde y no había espacio a mi lado!

El ser se tumbó muy cerca de mí, como si la cama fuera más ancha de lo que era en realidad. Me abrazó muy fuerte y sentí una alegría inefable, un auténtico éxtasis en aquel abrazo, que califico de "unión de almas", ¡a pesar de que ni siquiera sabía quién era el visitante!

Después vi sus rasgos hasta en los más mínimos detalles, su cabeza estaba contra la mía, nuestros cabellos se mezclaban y reconocí a mi marido.

Su mirada no estaba dirigida a mí, sino hacia el techo. No dijo nada, pero, a través de una especie de telepatía, oí claramente su voz en mi cabeza:

¡He vuelto para tranquilizarte!

Me vi obligado a partir, no tenía elección.

Mi amor, no te preocupes, estés donde estés, siempre estaré cerca de ti, ¡nunca te abandonaré!

Toma mi fuerza, te la doy, es la fuerza vital que tenía aquí abajo, pasa a ti, te la regalo.

En aquel momento, sentí un calor intenso que pasaba por mi brazo y se extendía por todo mi cuerpo. Después, poco a poco, el calor se atenuó y desapareció. ¡La presencia se difuminó y se evaporó por completo con mucha suavidad!

Desde el inicio de este acontecimiento, intenté llamar a mi hija. Solo tenía una idea: gritarle que viniera a ver a su padre, que había regresado…, pero, pese a mis esfuerzos, no salía ningún sonido de mi garganta, estaba absolutamente paralizada, como si se me impidiera llamarla. Unos segundos después del desvanecimiento de la aparición, mi garganta recuperó la voz y por fin pude llamarla.

De inmediato, las lágrimas me inundaron la cara, ¡la fuerza de la emoción y la de la felicidad se mezclaban! Mi hija entró en aquel instante en la habitación, porque, me dijo a continuación, una voz interior le había dicho: Ve a ver a mamá, ¡te necesita!

¡Este acontecimiento maravilloso cambió mi visión de la muerte y me permitió enfrentarme con más valor a todos los años que siguieron! ¡Sobre todo porque a menudo he tenido la suerte de beneficiarme de signos, sincronicidades y sueños con mensajes que marcan mi existencia desde aquel día!»

(Marie-Josée M.)

Aparición y desaparición de las VSCD visuales

La *llegada* de las apariciones puede producirse de diversas formas:

1. El receptor se despierta o es despertado por la noche por la aparición, que se encuentra ante él; por ejemplo, a los pies de la cama.
2. La aparición ya está presente cuando el receptor, que está despierto, de pronto toma conciencia de ella.
3. La aparición está en movimiento y entra en el campo visual del receptor (por ejemplo, una puerta se abre, la aparición entra y se desplaza por la habitación).
4. La aparición se materializa ante los ojos del receptor, de repente o de forma gradual. A veces, se percibe como una niebla que súbitamente adquiere forma y se vuelve reconocible.

La *desaparición* de la aparición es más abrupta que su llegada. Los testigos utilizan verbos como «evaporarse», «desaparecer de repente», «disolverse», «desmaterializarse», «borrarse» o «volatilizarse». Basta con parpadear o desviar la mirada una fracción de segundo para que la aparición desaparezca. En los casos de visión de difuntos desconocidos, los receptores los tomaban por personas de carne y hueso hasta que su desaparición fulgurante les hacía comprender que en realidad se trataba de una aparición.

Las VSCD pueden percibirse con los cuatro sentidos: el oído, el tacto, el olfato y la vista (el sentido del gusto no está afectado):
✦ *VSCD auditiva*
✦ *VSCD táctil*
✦ *VSCD olfativa*
✦ *VSCD visual*

Las VSCD de «sensación de una presencia», muy frecuentes, no se atribuyen a un órgano sensorial específico. La mayoría de las VSCD se producen a lo largo del año siguiente al fallecimiento, con una fuerte concentración en las primeras 24 horas y hasta 7 días después de la muerte. También pueden producirse contactos, con una frecuencia decreciente, de dos a cinco años después del fallecimiento. Las experiencias que tienen lugar entre cinco años y varias decenas de años después del fallecimiento son más raras y a menudo entran en la categoría de VSCD de protección.

Las VSCD son frecuentes. Según una gran encuesta europea, el 16% de los españoles habría experimentado una VSCD. Una cuarta parte de los europeos habría experimentado estos contactos, con grandes diferencias según los países.

El testimonio de Marie-Claire

Marie-Claire B. nos envió una larga carta desde el departamento de Ille-et-Vilaine, en Bretaña (Francia), que describe los repetidos y diversos contactos, aparentemente iniciados por su marido fallecido. Veamos una VSCD táctil que experimentó.

«Mi marido, Guy, falleció el jueves 22 de septiembre de 2011 como consecuencia de un tumor cerebral, a la edad de 41 años. Su lucha duró tres años y medio [...].

La noche del 14 al 15 de octubre, sentí alguna cosa que se deslizaba por mi espalda. Era suficientemente densa para sentir el contacto. Me sentía muy bien, no me moví por temor a perder el contacto. Pensé de inmediato en Guy. Dije en voz alta: "¿Eres tú, Guy?" Yo, que había velado por él durante tanto tiempo, durmiendo muy poco, escuchaba, esperaba la continuación, y... me dormí tontamente, pero con una gran sensación de felicidad, de calma y de amor. Me encontraba muy bien. Me pareció oír su respiración, aquella respiración que tanto había vigilado antes. Todavía digo "creí", porque todo aquello parece muy irreal. Me desperté con la sensación de que alguna cosa abandonaba las sábanas. Después, nada más, esperé y escuché. No tengo absolutamente ninguna noción del tiempo que duró aquello, entre la vivencia y la partida. Poco importa el tiempo, solo cuenta la intensidad. No me atrevía a moverme, quería quedar impregnada de aquel estado el mayor tiempo posible.»

Este contacto es inhabitual por su duración, suficientemente larga para que Marie-Claire pudiera saborear la experiencia antes de abandonarse al sueño. Es interesante señalar la percepción de la respiración del difunto, que estaba visiblemente relacionada con la enfermedad que le había causado la muerte y que, por lo tanto, tenía un significado muy especial. A modo de reminiscencia de momentos difíciles, sin duda angustiosos, compartidos con su marido durante su enfermedad, esta respiración percibida ya no tenía entonces nada de amenazante, pero simbolizaba una prueba compartida.

«Pero había que levantarse para ir al trabajo y llevar a los niños a la escuela. Cuando llegué a la habitación de mi hija de 9 años, ella me dijo de entrada que me estaba esperando desde las cinco de la mañana, oculta bajo su nórdico, porque había notado alguna cosa que le tocaba la cabeza y había sentido mucho miedo. Las semanas siguientes tuvo problemas para dormirse. Le dije que lo más probable era que hubiera sido su nórdico que le había tocado la cara durante un sueño, porque la idea de que fuera su padre la asustaba demasiado.»

¿Cuál es el impacto de una vivencia de una fuerza emocional tan grande como la relatada por Marie-Claire? ¿Cómo integrarla en su vida? ¿Qué hacer con ella? ¿Cómo se consigue situar esta vivencia en total discordancia con la realidad tal como la comprendemos habitualmente? ¿Confiamos en nuestras propias percepciones en este periodo de la vida tan especial y delicado en que, debido al duelo, somos más vulnerables? ¿Las consecuencias son duraderas o se disipan tan rápidamente como las percepciones experimentadas? ¿Qué efecto tienen estas experiencias sobre el sistema de creencias de la persona que ha vivido el contacto? Formulé estas preguntas a Marie-Claire.

«Efectivamente, estas experiencias fueron muy importantes para mí, muy valiosas. Me ayudaron a reconstruirme con el tiempo, a superar el duelo haciendo un poco más "aceptable" lo inaceptable, a dejarme llevar y permitir que fluyera la vida que estaba agazapada en el fondo de mí misma y cuya existencia ni siquiera sospechaba. El dolor, el sufrimiento y la cólera del duelo no desaparecieron de pronto, pero con el tiempo se atenuaron mucho.

A la edad de 13 años, ya había perdido a todos mis abuelos; tampoco tenía a mi padre, fallecido también por la enfermedad a los 41 años. Mi madre también se marchó al más allá cuando yo era una joven mamá de 34 años. Todos estos acontecimientos trágicos me condujeron muy joven (aproximadamente a los 11 años) a preguntarme por qué habíamos venido a la tierra si había que sufrir tanto. ¡Esto sorprendía a los adultos debido a mi corta edad! No tuve ninguna respuesta. En aquella época, no se hablaba de estos temas tabú (duelo, muerte, más allá). Por lo tanto, construí mi vida, o más bien mi supervivencia, gracias al amor de mis familiares y amigos. Este amor era el único vector de mi vida.

Pero, como si esto no fuera suficiente, también me privaron del amor de mi vida, mi "mitad". Entonces experimenté un sentimiento de abandono y de injusticia terrible, aunque, a diferencia de una muerte súbita, la enfermedad nos permite en cierta manera prepararnos. Yo también tenía que vivir el duelo que había sufrido mi madre casi a la misma edad. Tenía que encontrar la energía necesaria para sobrevivir por mis hijos (no tenemos elección), pero el pasado y los años de enfermedad de mi marido me habían ido agotando. ¿Cómo se hace para transmitir a los hijos un mensaje de vida cuando en nosotros solo hay oscuridad? Aun así, contra todo pronóstico, hoy puedo decir que el fallecimiento de mi marido me hizo crecer, evolucionar. Por supuesto, fueron todos estos contactos los que me apegaron a la vida, al amor tan fuerte que nos unía el uno al otro. En la actualidad, empiezo a vivir limitándome a intentar observar lo que la vida me ofrece, en lugar de lo que me niega. A veces este cambio es difícil de comprender, porque constituye un trastorno profundo de todo mi ser. ¡La caída parecía tan evidente! Esto no significa que no sufra por la ausencia de mi marido, no hay un día en que no piense en él, pero estas experiencias reforzaron ese vínculo de amor pese a la distancia existente entre nuestros dos mundos y permitieron el desapego necesario para conservar lo positivo y emprender un camino hasta entonces inaccesible. Despiertan la vida que está en nosotros. Las emociones y los sentimientos pueden ser ambiguos y trastornarnos, ¡pero el resultado final es muy bello!...

Yo no creía en la belleza de la vida, sino en la dureza de la vida, y todo esto, ¿con qué objetivo? Aquellos contactos me permitieron avanzar en el duelo y creer de nuevo en el amor incondicional, acceder a una nueva dimensión del ser humano. Los contactos han dado sentido a mi vida, sentido a las pruebas que la vida nos impone, una apertura a la dimensión espiritual. Es una suerte, un privilegio, un maravilloso regalo que la vida me ha hecho al permitirme vivir estas experiencias, y soy consciente de ello.

Pero también es algo perturbador a veces, difícil de integrar en nuestra vida profesional y personal. No hay que perderse en el camino. Hay que encontrar el equilibrio justo para no perder pie y tener encuentros enriquecedores y buenas lecturas que nos ayuden a emprender el camino que mejor se adapte a nosotros. Esto requiere tiempo, para infundir en nosotros nuevos valores a fin de que, un día, la mariposa pueda desplegar las alas para libar la vida con placer y más ligereza. (¿Y por qué no volar con un ángel al lado?)

No hay ninguna explicación razonable ni científica para explicar lo que experimenté, pero para mí no cabe ninguna duda: era mi marido. No está muerto, solo está al otro lado. Vive otra cosa sin mí y yo debo vivir otra cosa sin él, y un día (no tengo ninguna prisa), volveremos a encontrarnos. Mi mirada sobre la muerte ha cambiado, no puede ser de otra manera. Ya no existe la nada, existe una vida después de la vida, un renacimiento. Es un mensaje de esperanza, de amor y de paz interior que nos llega del más allá. Por mi parte, estoy convencida de que la conciencia sobrevive después de la muerte. Esto me da ganas de eliminar los obstáculos uno tras otro para simplemente ser yo misma en la vida. Era necesaria esta terrible prueba para que pudiera avanzar en mi camino de vida, despertar en mí una parte inaccesible de mi ser. Probablemente, ¡el fallecimiento de mi marido fue el precio que tuve que pagar para evolucionar, para renacer! La espiritualidad entra en nuestras vidas… ¡Para concluir, diré que la vida se abre a mí y que yo me abro a la vida!»

2

Más información sobre las VSCD

Profundizar en el conocimiento de las VSCD

Después de haber pasado revista en el capítulo 1 a las VSCD percibidas por los cuatro órganos sensoriales (oído, tacto, olfato y vista), así como a las VSCD «de sensación de una presencia», continuaremos con la presentación de otros tipos de VSCD según la clasificación de Guggenheim y abordaremos las *circunstancias de su aparición*.

Las **VSCD que se producen durante el sueño o en estado de somnolencia** son muy habituales. Se producen cuando las personas están a punto de dormirse o de despertarse. Este estado de somnolencia se conoce con el nombre de «estado hipnagógico».

Las experiencias que se producen durante el sueño son muy diferentes de un sueño ordinario y se parecen en todo a las VSCD en estado de vigilia. Estos contactos son claros, coherentes, memorables y sentidos como reales, y no revisten el carácter complejo, simbólico y fragmentado de los sueños que, por otra parte, se olvidan enseguida al despertar. Aunque a menudo los receptores no sean capaces de asegurar si estaban despiertos o no durante la experiencia, dicen sistemáticamente: «Era completamente diferente de un sueño, era mucho más real». Quienes han tenido sueños que implican a familiares o amigos fallecidos y también han experimentado una VSCD durante el sueño son capaces de establecer con absoluta claridad la distinción entre estos dos tipos de experiencia.

Veamos un testimonio de este tipo de VSCD.

«En junio de 1991, mi hermano falleció como consecuencia de un cáncer de pulmón. Unos días después de su fallecimiento, yo estaba durmiendo en la habitación que unos años antes había ocupado él. Era entre las 4 y las 5 de la mañana, no estaba ni dormida ni despierta sino en un estado intermedio, es decir, consciente pero con una sensación de pesadez, como si formara un todo con el colchón. Entonces, se me apareció el rostro de mi hermano de manera muy clara. A continuación, oí con nitidez su voz en mi mente y me preguntó si debía partir. Lo sentía perdido, sin saber qué hacer ni adónde ir. Entonces le respondí de manera muy clara que "sí, tenía que partir". Su rostro desapareció; sin embargo, mi cuerpo siguió siendo pesado. Era consciente de todo lo que ocurría, pero me era totalmente imposible moverme, como si una chapa de plomo me lo impidiera. Entonces fue cuando sentí físicamente su presencia, me tocó en el brazo y después en la espalda. Me asusté de veras por aquella sensación, sobre todo porque no podía hacer el menor movimiento. Entonces, se escapó un sonido del fondo de mi garganta y el contacto se rompió. Pero seguía sin poder moverme. Con todos los sentidos despiertos, esperaba... Después, llegó a mis oídos un ruido de papeles que se remueven. Con mucha atención, intenté localizar de dónde venía aquel ruido de papeles y me di cuenta de que procedía del armario que se encuentra en la habitación, donde estaban guardados los papeles de mi hermano. Aquello duró unos instantes y después el ruido cesó. Empecé a sentir que mi cuerpo se aligeraba, como si hubiera vuelto a la normalidad, y pude mover los brazos, las piernas y a continuación todo el cuerpo. Estuve esperando sin dormirme por completo hasta que sonó el despertador. Al día siguiente, abrí el armario de la habitación, saqué los papeles de mi hermano y descubrí que había contratado un seguro de vida para su hijo.»

(Dominique Marie C.)

Es interesante destacar esta imposibilidad de moverse, esta semiparálisis pasajera que tanto asustó a Dominique Marie C. Hemos visto que Marie-Josée M., cuyo relato figura como «VSCD visual», describe una experiencia muy similar:

«[…] Pero, pese a mis esfuerzos, no salía ningún sonido de mi garganta, estaba absolutamente paralizada, como si se me impidiera llamarla. Unos segundos después del desvanecimiento de la aparición, mi garganta recuperó la voz y por fin pude llamarla.»

El segundo aspecto destacable de este relato es el seguro de vida que Dominique Marie C. descubrió al día siguiente gracias al «ruido de papeles que se remueven» que había oído por la noche. No cabe ninguna duda de que este descubrimiento era importante para su sobrino. Parece tratarse aquí de una auténtica *transferencia de información*, de un elemento tangible y práctico que era desconocido por el receptor antes de la VSCD. Este tipo de contacto se presentará más adelante en las «VSCD prácticas».

Otro tipo de VSCD durante el sueño puede producirse cuando un difunto «irrumpe» en un sueño ordinario. Los Guggenheim describen el caso siguiente.

Robin dirige una guardería infantil en Florida. Esta visión oportuna de su abuelo se produjo unos años después de su muerte.

«Una noche, durante mi primer año de estudios, me encontraba en la residencia universitaria durmiendo. ¡Estaba soñando cuando mi abuelo se introdujo en mi sueño! Estaba realmente allí, podía oler su colonia, su tabaco y sentir su calor.

Parecía preocupado y protector. Dijo: ¡Cierra la ventana! ¡Deberías cuidarte mejor! ¡Cierra la ventana! Era una advertencia explícita.

Asustado, me desperté y miré a mi alrededor. La habitación tenía dos ventanas que daban a un patio y otras dos situadas por encima de la escalera de emergencia. Así que me levanté para cerrar las ventanas.

Más o menos media hora más tarde, oí gritar a una chica que se alojaba en una habitación de mi planta. Un hombre había subido por la escalera de emergencia y, al parecer, primero había intentado entrar por mi ventana, antes de conseguir introducirse por la suya. Fue detenido poco después.

¡Mi abuelo se me había aparecido cuando era evidente que necesitaba de su ayuda! De esta manera, demostró que siempre estará a mi lado.»[18]

Las **VSCD en el momento del fallecimiento** son especialmente impresionantes, puesto que el receptor es informado del fallecimiento de un familiar o amigo *por el propio difunto*. En estado de vigilia o al despertar durante la noche, la persona oye o ve a su familiar o amigo, que le anuncia su muerte con serenidad, a veces con alegría *(He venido a despedirme de ti, ahora tengo que partir)*. Señalemos de pasada que parecen utilizar a menudo el verbo *partir*, como si se dispusieran a emprender un viaje. En ocasiones, la aparición no transmite ningún mensaje, pero el receptor comprende de inmediato que se trata de un último adiós. Estas experiencias que se producen en el momento mismo del fallecimiento, que tiene lugar a distancia, *preceden* a la comunicación de la muerte (por el hospital, la familia, etc.). En algunos casos, estos fallecimientos no eran previsibles, pues la persona no estaba enferma y murió, por ejemplo, como consecuencia de un accidente. Por lo tanto, solo en algunos casos *la expectativa* de la muerte inminente de una persona muy enferma o de edad avanzada puede actuar como elemento desencadenante de la VSCD.

Las VSCD en el momento del fallecimiento amortiguan considerablemente el golpe provocado por la comunicación del fallecimiento de un ser querido. El hecho de haber sido informado del fallecimiento *por el propio fallecido* consuela al receptor, pues semejante experiencia parece implicar una continuidad de alguna forma de existencia. Cuando le llega la comunicación oficial del fallecimiento, del hospital, la familia o la policía en caso de accidente, el receptor ya está informado. La VSCD

---

18. Bill Guggenheim y Judy Guggenheim, *Saludos desde el cielo, op. cit.*, pp. 142-143.

habrá suavizado el golpe, pero no por ello la tristeza de la pérdida desaparece, por supuesto.

Una de las hipótesis de explicación de las VSCD formuladas a menudo plantea que estos contactos serían alucinaciones autogeneradas
debidas a la tristeza del duelo. Este postulado no es defendible en el caso
de las VSCD en el momento del fallecimiento, pues es evidente que el
receptor todavía no está en duelo cuando el familiar o amigo acude a
anunciarle su partida.

Veamos una ilustración de este tipo de contacto.

«Mi abuelo estaba en casa descansando, convaleciente, pero no
moribundo. Una mañana, hacia las 5:00 de la madrugada, sentí su
presencia a los pies de la cama, me miraba. Fue tan fuerte que me
desperté por completo. Por la mañana, nos comunicaron su fallecimiento, que se había producido a esa misma hora.»

(Eliette S.)

Christine y Jan H. perdieron a su quinto hijo unos meses después
del nacimiento. No vieron ninguna aparición, y aun así enseguida aso-
ciaron las manifestaciones percibidas con la partida de su bebé.

«Nuestra Nina nos dejó la noche del lunes de Pentecostés del año
pasado. A las 23:18 h, cuando el hospital nos comunicó que Nina
estaba a punto de morir, solo Jan fue al hospital. Yo me quedé en
casa con nuestros otros hijos. No quería ni podía creer que, aquella vez, nos abandonara realmente, porque ya habíamos recibido
varias llamadas de este tipo la víspera, y cada vez, nuestra hija
había conseguido recuperar el control y continuar luchando. No
obstante, le habíamos dicho por primera vez aquella misma tarde
que tenía todo el derecho a dejarse ir y partir. Era una novedad,
porque hasta aquel día todas nuestras plegarias y nuestra esperanza estaban centradas en su supervivencia. Sin embargo, como consecuencia de una conversación bastante dura con los médicos que
hizo pedazos nuestras últimas ilusiones, habíamos comprendido
que nuestras plegarias no iban en la buena dirección… Nina nun-

ca habría podido regresar a casa, ni siquiera si hubiera sobrevivido. Tarde o temprano, fallecería, con una discapacidad muy importante, y sus sufrimientos se habrían prolongado inútilmente. Al salir de nuestro dormitorio tras la llamada telefónica del hospital, Jan dejó la puerta entreabierta, sin cerrarla por completo. Dudé en levantarme para abrir la puerta del todo para poder oír así a los otros niños en caso de necesidad, pero me quedé tumbada porque me dije que, de todas formas, no podría dormirme hasta que regresara Jan y que los oiría si me llamaban.

Estaba en la cama, desamparada, sola con mi dolor y mis angustias, cuando, de repente, oí un silbido muy fuerte, como un vendaval violento, y un aliento glacial me rozó. Como en un tren fantasma de feria. La puerta del dormitorio, que antes estaba entornada, se cerró con un portazo.

En aquel instante, me quedé muy tranquila, sabía que Nina acababa de morir. Miré el reloj, eran las 23:38 h. No lloré. Estaba tranquila y lúcida. Sabía que los sufrimientos de Nina habían terminado, que estaba mejor, que por fin había podido liberarse y partir, que ya no sufría.

Cuando Jan regresó del hospital, lo confirmó todo, incluida la hora del fallecimiento que yo había presentido.»

Hay un elemento de este relato desgarrador especialmente destacable: los padres le habían dicho a su bebé de apenas unos meses de edad que tenía «todo el derecho a dejarse ir y partir», y falleció solo unas horas más tarde. Sabemos, gracias a Françoise Dolto, que los niños pequeños, e incluso los recién nacidos, lo oyen todo, lo comprenden todo. En cuanto se perdió la más mínima esperanza de curación, llegó el momento de la prueba de amor más grande y desgarradora: pronunciar las palabras liberadoras diciéndole al niño moribundo que tenía derecho a marcharse.

Christine continúa su relato.

«Unos días o semanas después de la muerte de Nina, experimenté un acontecimiento similar. Estaba en la cama. Jan todavía estaba en el salón, abajo, cuando oí de nuevo un fuerte silbido de viento y sentí un aliento extremadamente frío que me recorría. Sabía que Nina había venido de nuevo a verme, acaso para decirme adiós para siempre [...]. Fue una experiencia muy bella, pero también muy triste, porque yo sabía que Nina se había marchado para siempre, se había marchado de verdad. Y, en efecto, nunca volvió a verme».

Jan, el marido, vivió la experiencia siguiente en el mismo momento en que Christine percibía la segunda visita de su bebé fallecido.

«Un tiempo más tarde, una noche, yo me encontraba en el salón y Christine ya se había acostado. Desde el fallecimiento de nuestra pequeña, me costaba mucho dormirme y por la noche me distraía mirando la tele durante horas. De repente, la puerta entornada del salón se cerró con un portazo y una corriente de aire cruzó la habitación. Todas las ventanas estaban cerradas y en el exterior no hacía ni pizca de viento. Decidí no despertar a Christine porque desde el fallecimiento de nuestra hija también ella dormía muy mal. A la mañana siguiente, le conté mi experiencia y ella me explicó su vivencia similar, la víspera por la noche.»

En este mismo tipo de VSCD, puede ocurrir que se transmita un mensaje a través de una tercera persona, como ilustra el caso siguiente.

«Al marcharme, le dije a mi suegro: "Nos veremos pronto". Él negó con la cabeza y dijo con firmeza: "No". Dos días más tarde, hacia la 1:30 h de la madrugada, me desperté empapada en sudor; mi suegro estaba a los pies de la cama. Me pidió que despertara a John porque quería despedirse de él. No estuve a la altura de la petición de mi suegro, porque estaba demasiado asustada para hacer lo que me pedía. ¡Me desvié de lo que parecía ser una persona totalmente real que se encontraba en nuestro dormitorio! Le dije que tenía demasiado miedo para hacer lo que me pedía. Con amabilidad, pareció aceptar mi decepcionante reacción.

Sentí que comprendía mi miedo y que me transmitía un *No pasa nada*. Después, mi suegro desapareció. Unos minutos más tarde, a causa de mi agitación, John se despertó y me preguntó qué me ocurría. Cuando le dije que acababa de ver a su padre, me respondió: "De acuerdo", como si yo lo hubiera soñado, y se volvió a dormir. ¡Pero, por supuesto, yo no lo había soñado! A la mañana siguiente, hacia las 8:00, sonó el teléfono. Era la madre de John que nos informaba de que su padre había fallecido durante la noche, precisamente a la 1:30 h».[19]

Pueden producirse algunas experiencias sutiles, similares a una intuición, en el momento preciso del fallecimiento de un ser querido. Las personas pueden o bien experimentar un malestar, una impaciencia, un nerviosismo, o bien sentir que se acaba de producir una catástrofe, aunque no puedan expresar con palabras su estado de agitación. La comunicación de la muerte del ser querido confirma *a posteriori* su intuición. Peter y Elizabeth Fenwick describen el caso siguiente.

«Por desgracia, mi hermano perdió la vida en un accidente de coche, hace ahora una veintena de años. Yo estaba trabajando, con la intención de seguir con mis actividades hasta las 17:00 horas. A las 16:20 h, me sentí mal y empecé a irritarme contra mí misma. Recogí las cosas y me marché a casa, aunque en realidad debería haberme quedado en el trabajo por una razón que ya no recuerdo. La noche siguiente, a las 2:30 h de la madrugada, me enteré de que mi hermano había muerto a las 16:20 h, la víspera, por culpa de un conductor borracho.»[20]

A veces, los signos son más precisos y los receptores experimentan sensaciones físicas relativas a la enfermedad o al accidente que han causado la muerte (dolor en el pecho en caso de infarto, sensación de ahogo, etc.) o sienten una repentina e inexplicable pérdida de energía. Estos

---

19. Peter Fenwick y Elizabeth Fenwick, *The Art of Dying, op. cit.*, p. 72.

20. *Ibid.*, p. 49.

casos se producen con mayor frecuencia cuando el vínculo emocional entre el receptor y el difunto era especialmente fuerte. Veamos el testimonio de una mujer llamada Wynn Bainbridge a propósito del fallecimiento de su prima, a la que estaba muy unida.

«El día 1 de enero de 2002, más o menos a las 12:45 h, estaba trabajando ante el ordenador cuando de repente me sentí muy mal. No habría podido decir lo que me pasaba, no tenía ni dolor ni enfermedad, solo una sensación horrible de que la fuerza estaba abandonándome. No estaba a punto de desmayarme, solo sentía una terrible debilidad. Esta sensación duró alrededor de veinte minutos. Ese mismo día, recibí una llamada del hijo de mi prima en la que me anunciaba su fallecimiento. Aunque había decidido interrumpir su tratamiento, los médicos preveían que todavía viviría unos meses; así pues, aquella noticia era por completo inesperada. Le pregunté la hora de la muerte y me informó de que había fallecido a las 12:55 h. Aquello siempre me ha parecido extraordinario, puesto que fue en aquel momento cuando me había sentido tan mal.»[21]

Imagina que suena el teléfono durante el día o que una llamada telefónica te despierta por la noche; descuelgas y, al otro lado de la línea, el ser amado difunto te transmite un mensaje o incluso entabla una conversación contigo. Estos acontecimientos, muy raros, se producen en las **VSCD por medio de llamadas telefónicas**. En ocasiones, la comunicación se establece directamente y otras veces pasa por un operador, como ilustran los testimonios siguientes. Las voces de los difuntos se describen como «perfectamente audibles», con su timbre de voz habitual o, al contrario, como «procedentes de muy lejos», como las llamadas de larga distancia de antaño. Al final del mensaje oído o de la conversación bilateral entablada, no se oye la típica tonalidad o «clic» característica de cuando se cuelga el teléfono, solo persiste el silencio. El aspecto material de este tipo de contacto —el timbre del teléfono que suena— es un aspecto que vale la pena señalar.

---

21. *Ibíd.*, p. 50.

La experiencia de Chantal D. concierne a su padre, con quien tenía una relación difícil.

«Antes que nada, hay que comprender el tipo de relación que existía entre mi padre y yo. Aquel hombre era completamente deficiente en su función paternal, era incapaz de desempeñar su papel de padre debido a una enfermedad mental. Padecía un trastorno bipolar. El apego, la relación afectiva padre-hija, nunca se estableció. En familia, vivíamos juntos pero separados, sin relación ni comunicación. Esta dramática situación hizo que iniciara el duelo por mi padre mucho antes de su muerte real —durante un psicoanálisis—; el duelo no de su fallecimiento, sino de su ausencia. Porque, si influyó en mi vida, fue por la ausencia y el vacío que dejó. Es decir que cuando murió no me sentí afectada, su muerte quedaba a mi espalda, no ante mí. Y aun así... [...]

Mi padre murió de un infarto fulminante, la víspera por la noche del Día del Padre, el 19 de junio de 2004. [...] Nueve días más tarde, el lunes por la mañana, cuando acababa de regresar a casa después de una serie de noches de guardia a domicilio, recibí una llamada telefónica extraña. Suena el teléfono. Voy a responder, pero no hay nadie al otro lado de la línea, nada, silencio absoluto; después, al cabo de un momento, oigo la voz de un hombre, anónima, monocorde: "No cuelgue, un interlocutor quiere ponerse en contacto con usted". Después, nada, silencio absoluto de nuevo, y otra vez aquella voz, siempre igual, con el mismo tono: "No cuelgue, un interlocutor quiere ponerse en contacto con usted". Tres veces igual. Siempre sin rastro del interlocutor. Colgué. Me pregunté qué representaba aquello. Era realmente extraño, no se parecía en absoluto a las llamadas telefónicas anónimas o de venta a domicilio que a veces se reciben. Era la primera vez que recibía este tipo de llamada. Bueno, me dije, es nuevo, tendré que preguntar a alguien si también ha recibido este tipo de llamadas. Más adelante, recibí una segunda y después una tercera llamada del mismo tipo, idénticas, durante el día [...]»

Estas llamadas telefónicas misteriosas y repetidas continuaron produciéndose durante los tres días siguientes y dieron la impresión a Chantal de que su padre intentaba comunicarse con ella sin conseguirlo (¿como durante su vida?).

Unos días más tarde, tuvo un contacto con él durante el sueño. Sin embargo, la experiencia no era ni bella ni reconfortante, sino dura y liberadora a la vez, pues era portadora de una revelación que Chantal «sabía desde [su] psicoanálisis».

«Durante el sueño, me encontraba en un lugar muy tranquilo, bañado por una luz suave y con la sensación de estar en lo alto, en el espacio. Allí, esperaba a mi padre. Era un lugar de transición, un espacio muy claro y muy abierto, pero delimitado por dos grandes y anchas aberturas que se encontraban frente a frente. Sabía que yo había entrado por la que quedaba a mis espaldas y que mi padre llegaría por la que tenía enfrente.

De repente, lo vi llegar, desplazándose muy deprisa sin tocar el suelo, como flotando. Parecía muy ligero y ágil. Yo misma no tenía la sensación de mi cuerpo ni de encontrarme sobre alguna cosa sólida. Estaba como sin gravedad.

Mi padre no tenía el aspecto que tenía en el momento de su muerte a los 70 años, sino el que tenía en su juventud. Cuando estuvo frente a mí, le pregunté:

—Y pues, ¿qué es lo que tienes que decirme?

—*Me detuve cuando teníais cuatro años y medio y nueve años.*

—¿Pero mamá estaba al corriente?

—*Oh, no lo creo.*

La conversación se detuvo aquí, fue breve pero densa. Nos comunicábamos con el pensamiento, sin palabras. Era claramente él, fiel a sí mismo, con aspecto despreocupado, inconsciente del alcance de su revelación.»

Esta experiencia permitió a Chantal aportar una nueva luz a una pregunta que la había perseguido durante años.

«Había un aspecto acerca de mi padre que nunca quedó totalmente dilucidado. Durante mi psicoanálisis e incluso antes, me había remontado muy lejos en mi primera infancia, hasta alrededor de los dos años. Por medio de sueños y pesadillas muy simbólicas, descubrí un traumatismo que databa de aquel periodo, relacionado con mi padre y del que no conservaba ningún recuerdo. En mi familia, nadie había podido confirmar lo que había pasado en realidad.»

«Me detuve cuando teníais cuatro años y medio y nueve años»..., ¿se trataba de incesto? Sí, me confirmó Chantal durante una conversación telefónica. Ella presentía estos abusos sexuales desde hacía años, pero, a pesar de su psicoanálisis, no había podido encontrar el recuerdo. La confirmación le llegó durante aquella experiencia; su padre había abusado de ella.[22]

Pero la historia no termina aquí.

«El viernes siguiente por la noche, cuando iniciaba una serie de guardias nocturnas a domicilio y me encontraba con una persona de edad avanzada en su salón, sonó el teléfono. Fui a responder, pero no había nadie al otro lado de la línea, nada, silencio, y después aquella voz que reconocí de inmediato: "No cuelgue, un interlocutor quiere ponerse en contacto con usted". Igual punto por punto a las llamadas que había recibido en casa antes de la comunicación [durante el sueño] con mi padre. Ante aquello, debo confesar que me quedé estupefacta. *"¡Esto no va a repetirse, no aquí! ¿Qué es lo que no he comprendido?"*, me pregunté. Mientras la persona de edad avanzada se levantaba de su butaca y cruzaba el salón para llegar a donde yo estaba, pasó un tiempo. "¿Quién es?", me preguntó. "No lo sé, hay que esperar...", le respondí. En el momento en que llegaba a mi lado y en el que yo le tendía el teléfono, oí con nitidez un ruido en el otro extremo de la línea, como algo que se cae (realmente pensé en que la comu-

---

22. Conversación telefónica del 17 de enero de 2016.

nicación se había interrumpido en aquel momento) y después le pasé el teléfono a la persona. Escuchó y a continuación me dijo: "¡Pues no hay nadie!" Nos miramos un momento y después, de repente, oyó la voz de un agente comercial. Comprendí el mensaje. Aquello significaba que la comunicación con mi padre había terminado para siempre. El contacto se había cortado. Definitivamente. No me equivoqué. Mi padre difunto nunca ha vuelto a molestarme.»

(Chantal D.)

Estos contactos *post mortem* son tan desestructurados e irritantes para Chantal como la relación que había tenido con su padre cuando vivía. La comunicación resulta difícil de entablar, a pesar de la naturaleza repetitiva, incluso opresiva, de los contactos. A primera vista, Chantal no obtiene ningún bienestar de esta vivencia, solo irritación, a semejanza de lo que ocurrió en la relación padre-hija, que nunca se pudo establecer por completo.

Sin embargo, Chantal hizo el esfuerzo de analizar estas manifestaciones y, en especial gracias a la experiencia que se produjo durante el sueño, consiguió comprender su sentido. El consuelo que finalmente consiguió obtener de esta vivencia es una liberación final y definitiva de ese padre que tanto la había decepcionado en vida. Probablemente, es el beneficio máximo que era posible conseguir en tales circunstancias.

En el libro de los Guggenheim —*Saludos desde el cielo*—, aparece un testimonio sorprendentemente similar en el modo operatorio, pero, en este caso, con una comunicación que pudo establecerse enseguida y de manera alegre.

El padre de Monica, fallecido tres meses antes de una crisis cardiaca, se puso en contacto con ella.

«Mi padre había muerto en junio y este acontecimiento se produjo en septiembre. Yo estaba en casa, llamando por teléfono a una empresa para concretar un detalle. La operadora me pidió que esperara un instante y puso música de espera.

De repente, la música se interrumpió y oí a mi padre que decía: ¡Hola, *Dolly*! Me llamaba siempre con este nombre. Me preguntó: ¿Sabes quién está al otro lado de la línea? ¡Reconocí su voz, pero estaba tan estupefacta que fui incapaz de articular palabra! Pasaron unos segundos y después dijo: ¡Soy papá! La voz era muy suave y sonaba como de costumbre. Parecía una comunicación de larga distancia, pero sin las interferencias características en la línea.

Después, la operadora ocupó de nuevo la línea y me informó de que el interlocutor con el que deseaba hablar no estaba disponible. Entonces, colgué. Evidentemente, volví a marcar el número para ver si volvía a pasar alguna cosa, pero no fue así. Esta experiencia única era tan real que no puedo ponerla en cuestión. Mi escepticismo referente a este tipo de comunicaciones se rompió en pedazos. Quizá mi padre eligió ese método para que yo no pudiera poner en duda la realidad de este contacto.»[23]

Las **VSCD que se manifiestan mediante fenómenos físicos** inexplicables son muy habituales. Los receptores interpretan estos acontecimientos como mensajes de sus seres queridos fallecidos. Mencionan a menudo luces que se encienden, se apagan o parpadean sin razón aparente, así como la puesta en marcha espontánea de televisores, objetos mecánicos o aparatos de música en los que se reproducen piezas significativas para el receptor. Abundan los relatos acerca de relojes de muñeca o de pared que se detienen a la hora del fallecimiento. Objetos, como fotos o imágenes, vueltos del revés, tirados por el suelo o desplazados. Con frecuencia, se mencionan también ruidos nocturnos no identificados y recurrentes.

Veamos un ejemplo.

«Desde hace algunos años, he vivido como todo el mundo historias de duelos más o menos dolorosos. El año pasado, fue el de mi hermano. Durante sus cinco semanas de hospitalización, hablaba

23. Bill Guggenheim y Judy Guggenheim, *Saludos desde el cielo, op. cit.*, pp. 187-188 (ed. francesa).

con él abiertamente de la proximidad de su muerte. Él estaba en paz y nos dio una hermosa lección de vida. [...] En su cabecera, nos apeteció escuchar música, pues le gustaba mucho tocar el piano. Después de su fallecimiento, yo no podía recordar la pieza que estaba sonando justo en el momento de su muerte. Nadie conseguía ponerse de acuerdo, era Chopin, Liszt..., estábamos demasiado trastornados para recordarlo. Hice búsquedas por Internet y escuché a una pianista que tocaba a Chopin, y detuve el vídeo. Más de una hora después, cuando estaba en otra habitación y en un estado de ánimo por completo diferente, oí tocar suavemente el piano en mi despacho, donde en realidad no había ningún piano. Me acerqué y vi a la pianista en la pantalla, tocando Chopin; el vídeo se había reiniciado solo... Lo interpreté como un pequeño saludo de mi hermano y eso me consoló mucho de su pérdida. La pieza que en realidad oímos en el momento de su muerte era finalmente Chopin, opus 10, estudio n.º 3, que también lleva el nombre de "Tristeza", y en 1930 Tino Rossi hizo con ella una canción cuyas primeras líneas decían: "Partir es morir un poco".»

(Francine L.)

Marie-Claire B., cuyo testimonio hemos visto en el capítulo 1, experimentó un acontecimiento asombroso.

«Hace unas semanas, durante una disputa con mi hijo adolescente mientras cenábamos, acabé por decirle que habría sido preferible que hubiera sido yo quien hubiera fallecido y que papá estuviera allí, a su lado, para compartir más cosas con él. No estoy orgullosa de eso, soy consciente del mal que palabras como esas pueden provocar, pero su comportamiento agresivo y cerrado pudo conmigo. Cuando me disponía a acostarme, tomé unas prendas de un estante y las coloqué sobre la cama, y a continuación salí de mi habitación para ir al cuarto de baño. En aquel momento, oí un gran ruido. Regresé a mi habitación para ver qué lo había podido causar. Encontré *por el suelo, intacto, el marco de las fotos de mi marido* que estaba en lo alto de un estante. ¿Era una señal de su presencia, un mensaje? ¿O una corriente de aire debida a mi nerviosismo que lo había hecho caer (aunque no era el mismo estante de donde había sacado las prendas)? ¿Quién sabe? Aquel marco ya se había caído sin romperse hacía varios meses en plena noche y me había despertado, sobresaltada.»

El testimonio siguiente, de B. D., es muy «clásico» pues se trata de una luz que parpadea...

«Uno de mis tíos falleció a principios de febrero de 2013. Tres o cuatro días después del funeral, estaba leyendo un poco por la noche antes de dormirme. De repente, la luz, o más bien la bombilla de la lámpara de la habitación, se puso a parpadear durante unos 5 a 10 segundos. Esto nunca había pasado antes ni se repitió después.

Cuando ocurrió, sentí en mí que era mi tío que, de aquella manera, llamaba mi atención para comunicarme que había llegado bien al otro lado y que todo estaba bien. A través de esta vivencia, sentí como una alegría de parte suya.»

Se trata de un acontecimiento banal, por supuesto, una bombilla que parpadea; ¿quién concedería la más mínima atención a un incidente tan insignificante? Y sin embargo..., hay alguna cosa en este episodio que enseguida hace pensar a nuestro testimonio B. D. en su tío recientemente fallecido y le permite compartir con él lo que interpreta como un último intercambio alegre.

Las **VSCD simbólicas** son experiencias sutiles que los receptores viven como un signo o un guiño del difunto y solo adquieren sentido mediante la *interpretación* que hacen del mismo. Aunque se trata de acontecimientos que el entorno suele considerar como simples coincidencias y no se toman en serio, son muy importantes para los receptores porque están basados en una vivencia común o en una preferencia del difunto. Puede tratarse de animales, a menudo pájaros o mariposas, que parecen comportarse de manera poco usual.

A Marie-Claire B. —ya citada en las páginas anteriores— le sorprendió el comportamiento inhabitual de una mariposa, episodio compartido parcialmente por sus amigos.

«El sábado siguiente, nuestro hijo tenía un partido de fútbol y debíamos terminar la velada en casa de unos amigos. El partido fue mal: en los primeros cinco minutos, mi hijo se lesionó y acabamos en Urgencias. Llegamos tarde a casa de nuestros amigos. El yeso no era nada comparado con todo lo que habíamos vivido últimamente, pero yo ya estaba muy agotada. Cuando contaba este incidente a nuestros amigos, instalados en la terraza, *una mariposa se posó en mi brazo*. La ahuyenté, sorprendida por el contacto. Regresó para posarse de nuevo en mi brazo y la ahuyenté de nuevo. Entonces fue a posarse en la silla vacía que había a mi lado. Ante aquella insistencia, les dije a mis amigos que aquella mariposa debía de estar domesticada. Me contaron que se había pasado todo el día mariposeando por su casa. Le habían prestado atención porque, durante las exequias [de su marido Guy], una mariposa había revoloteado por la iglesia, sobre todo por el coro donde se encontraban sus colegas bomberos. Entonces supuse que el dolor por la pérdida de su amigo era responsable de aquella atención.

Sin embargo, al día siguiente abrí los postigos del salón y vi de nuevo una mariposa posada en la ventana. Intrigada, aquella vez la miré a través del cristal y me sorprendí hablándole. La mariposa no se movió; solo sus antenas, por momentos. Llegó un amigo. Me hizo una seña con la mano, creyendo que lo veía, pero en realidad, solo podía ver aquella mariposa a la que hablaba, pensando que era una señal de Guy. Se rio mucho al descubrir lo que estaba haciendo. Es estúpido, ya lo sé, pero creer en aquello me hacía mucho bien.»

A veces los receptores atribuyen un significado simbólico a ciertos acontecimientos naturales, como un arco iris que se forma en un momento significativo y que consideran destinado solo a ellos. Las rosas u otras flores preferidas por la persona fallecida se mencionan a menudo como soporte de un guiño del ser querido difunto, así como los animales domésticos, gatos o perros, que parecen actuar como mensajeros secretos y eficaces. Los receptores se convencen enseguida de que se trata de una señal que se les dirige personalmente y el escepticismo del entorno no puede disuadirlos de ello.

Tenemos a Francine L., que vive en Montreal y nos ha enviado varios testimonios, entre ellos cuatro «historias de rosas».

Este es uno de estos relatos.

«Tres años más tarde, mi vecino, un amigo de 44 años, murió de un cáncer. Un día, me llamó por teléfono desde el hospital; el médico solo le daba unos días de vida. Quería decírmelo él mismo para compartir aquel momento de amistad conmigo. Lloré con él y en ese momento se me ocurrió contarle la historia de la rosa de mi padre. Le dije: "Mándame tú también una rosa, si puedes hacerlo". Y bromeando con el hecho de que era propietario de una tienda de artículos de deporte, me permití añadir: "Asegúrate de que la reconozca, pero lo tendría difícil al lado de unos esquíes o de un palo de hockey". Acabamos la conversación riendo, en lugar de llorando, diciéndonos que él y yo teníamos una especie de cita.

La semana siguiente su esposa me llamó por teléfono para comunicarme su fallecimiento, pero yo tenía que ir a ver a mi hija actuar en el teatro y salí de casa con el corazón destrozado. Me quedé hasta el entreacto y luego regresé a casa a pie. En la esquina de las calles Saint-Denis y Mont-Royal, vi a un joven con acento francés que llevaba en la mano, más bien torpemente, un palo de hockey. Me crucé con él en medio de la calle y me dije: "¿Es el palo que me ofrece *Réjean?*" Me puse a buscar frenéticamente si había algún indicio de alguna rosa por los alrededores. Las personas que conocen Montreal saben que, en septiembre, las rosas son más bien escasas en Saint-Denis, ¡y todavía más los palos de hockey!

Al día siguiente, en el tanatorio, conté esta historia a su esposa y a su hermana, y me dije que apreciaba el esfuerzo de Réjean

de haber intentado mandarme una señal del más allá... Al salir de
la iglesia, acompañamos los restos mortales hacia el coche fúnebre
que lo conduciría al crematorio. Allí, cuando el coche avanzó y se
despegó apenas un metro de la acera, apareció una magnífica rosa
roja, sola, sobre el asfalto gris. Me emocioné muchísimo al reconocer mi rosa, pero no dije nada porque deseaba guardar este regalo discretamente para mí sola; aun así, su esposa y su hermana
se apresuraron a exclamar: *"¡Aquí está la rosa!"* Caída de su coche
fúnebre para que estuviera segura de que él me la mandaba...»

Lo que empieza como una VSCD simbólica puede adquirir un cariz
mucho más explícito, como ilustra la experiencia de este hombre, cuya
novia, Shirley, falleció de un cáncer a los 38 años de edad.

«Más o menos un mes después de la muerte de Shirley, fui a
recogerme en su tumba. Estaba absorbido por los recuerdos de
los maravillosos momentos que habíamos pasado juntos cuando, de repente, un enorme cuervo se precipitó sobre mí y me
asestó un golpe en el hombro con el ala. Después de ser víctima
de varios de estos golpes molestos, me aparté de la tumba y el
cuervo no me molestó más. Sin embargo, en cuanto me acercaba de nuevo a la tumba, el cuervo me atacaba una vez más a
golpes de ala (los pájaros a veces actúan así para proteger a sus
huevos o a sus crías, pero los ataques se producían en agosto,
mucho después del periodo de nidificación). Tras haber sufrido
media docena de golpes en la cabeza y en los hombros, oí la voz
de Shirley que me murmuraba al oído: *Realmente no lo compren-
des, ¿verdad? Yo no estoy aquí. Vuelve a casa.* Cuando llegué a
casa, experimenté mi primera VSCD olfativa, la cocina estaba
impregnada de un olor a ajo, uno de los ingredientes culinarios
preferidos de Shirley.»[24]

---

24. Louis E. LaGrand, *Gifts from the Unknown: Using Extraordinary Experiences to Cope with Loss and Change, op. cit.*, pp. 63-64.

Las **VSCD que asustan** pueden pertenecer a cualquiera de las categorías o a una combinación de categorías. La gran mayoría de las VSCD se viven como una experiencia positiva y tranquilizadora, a pesar de que, a veces, haya un componente de ligero miedo pasajero. En cambio, se considera como *VSCD que asusta* una experiencia que está dominada por completo por el miedo, incluso por el terror, aunque a menudo después los receptores lamentan su reacción de pánico, que pone instantáneamente fin al contacto. Los mensajes percibidos son tranquilizadores y cariñosos, pero asustan a los receptores. La imposibilidad de concebir el episodio, la sensación de estar viviendo algo que, simplemente, no es posible, parece provocar en algunas personas confusión y miedo. Las películas de terror en las que aparecen fantasmas abominables quizá tampoco son ajenas a estas reacciones irracionales y enseguida lamentadas.

Las VSCD que asustan son o bien realmente raras, o bien poco descritas, puesto que los receptores quizá no quieren dar testimonio de ellas y prefieren guardarse para ellos esta experiencia traumática.

El primer relato está extraído del libro *Saludos desde el cielo*.

Suzanne tenía 18 años y se preparaba para su boda cuando su abuela, fallecida diez meses antes, se le apareció.

«Estaba a punto de casarme y todo el mundo preparaba la casa para la recepción. Como estaba muy cansada, me aconsejaron que subiera a la primera planta para descansar un poco.

Me tumbé en la cama, con la mirada perdida, y me dije que durante la boda iba a echar mucho de menos a mi abuela. Había contado con su presencia y ella me había prometido estar a mi lado.

De repente, vi aparecer la cabeza y los hombros de mi abuela a la izquierda. Tenía un aspecto totalmente sólido y real, como un ser vivo. Sonreía, le brillaban los ojos y decía, llena de entusiasmo: *No te preocupes, querida. ¡Estaré presente!*

¡Llegó como un trueno en un cielo azul! Por desgracia, aquella aparición me sobresaltó y me dejó aterrada. ¡Estaba tan asustada que empecé a gritar, abandoné la habitación llorando y corrí hacia abajo! ¡Me entró el pánico! Mi madre había oído todo aquel jaleo y me estaba esperando al pie de la escalera, pero yo era incapaz de pronunciar palabra.

Más tarde, cuando le conté lo sucedido, me dio golpecitos en el brazo, me atrajo hacia sí y me dijo: *"¡Es magnífico, querida!"*.»[25]

El testimonio siguiente de Anne-Marie L. concierne a una VSCD que implica a una persona a la que no conocía y que solo había visto brevemente en el lugar del accidente.

«Una tarde de primavera de 1980, había sido testigo con una amiga de un accidente de tráfico entre Arcachon y Burdeos. Eran las 23:00 horas. Como consecuencia de una maniobra de adelantamiento arriesgada por su parte, y cuando yo acababa de cruzarme con él, vi por el retrovisor los faros traseros de un coche que desaparecían más allá de la carretera.

Me detuve y, pese a que estaba muy oscuro, acabamos encontrando al conductor, que había salido despedido hacia un prado. Mi amiga subió a la carretera para intentar detener a algún vehículo y pedir ayuda.

Yo me quedé con el herido, un hombre joven, que estaba inconsciente y gemía. Le sujeté la mano y le hablé dulcemente, y después me puse a rezar por él. Los bomberos llegaron media hora más tarde y, una vez terminado el interrogatorio de los gendarmes, pudimos regresar a casa.

Me acosté hacia la una de la madrugada. Apenas había apagado la lamparita, cuando sentí que la sábana que me cubría la espalda se levantaba, como si alguien se deslizara a su vez detrás de mí, con una sensación de frío glacial de los pies a la cabeza.

Al mismo tiempo, estaba paralizada, aprisionada de forma violenta y absolutamente incapaz de mover ni el dedo meñique. Era realmente terrorífico, pensé que tenía que encender la luz, pero el cerebro no me respondía, aunque estaba bien despierto, y me atormentaba la idea de no conseguir liberarme. Como último

---

25. Bill Guggenheim Bill y Judy Guggenheim, *Saludos desde el cielo, op. cit.*, p. 50.

recurso, pensé en mi ángel de la guarda y le pedí ayuda. De pronto, pude liberar un brazo y encender la luz. El fenómeno cesó enseguida y no hace falta decir que pasé el resto de la noche sentada en el salón.

A la mañana siguiente, me enteré de que el herido había fallecido durante su traslado en la ambulancia. Una amiga médium me explicó que el joven, desorientado, me había seguido, pues había sido la última persona que había estado cerca de él.

Después de otra experiencia, unos golpecitos repetidos bajo la cama (en la planta baja), pedí no volver a oír ni sentir una manifestación porque me causaba mucho terror. Hasta el momento, se me ha concedido.»

Como habrás observado, nos encontramos aquí, como en los relatos de Dominique Marie C. y de Marie-Josée M. citados anteriormente, con esa imposibilidad de moverse, esa semiparálisis pasajera que Anne-Marie L. describe así: «Al mismo tiempo, estaba paralizada, aprisionada de forma violenta y absolutamente incapaz de mover ni el dedo meñique».

Eliette S. nos mandó el relato de una experiencia terrorífica con un difunto desconocido. Esta vivencia también podría considerarse como una aparición de casa encantada, es decir, un lugar famoso por estar ocupado por espíritus donde se producen fenómenos sobrenaturales o paranormales inexplicados.

«Esta es mi experiencia de VSCD que, por otra parte, no se refiere a uno de mis seres queridos fallecidos. Mi hermana me había pedido que cerrara los postigos de su casa de campo, que se encuentra cerca de la mía. Se trata de una vieja casa reformada y que se ocupa ocasionalmente durante las vacaciones. Así que subí al primer piso, seguida de mi bulldog, que suele seguirme los pasos. El perro se detuvo a media escalera y se puso a gemir suavemente. Intrigada por su comportamiento inhabitual, me di la vuelta hacia él y le pregunté: "¿Qué te ocurre?" Acabé de subir y cerré los postigos. En el momento de salir de las habitaciones, "vi" en el rellano una forma humana con una falda larga negra que flotaba en el aire, a alrededor de un metro del suelo; no distinguía la cabeza. Solo sentí que "era" femenina y hostil. "Ella" me impide el paso, "ella" no está contenta con mi presencia. Petrificada, miré al perro, todavía inmóvil en mitad de la escalera. Entonces, me obligué a razonar: o bien cedo al pánico y me quedo bloqueada en la primera planta, o bien hago caso omiso, porque, si es un fantasma, no puede hacerme nada en este mundo. Opté por esta última solución, respiré profundamente y bajé por la escalera intentando mantener la calma.

Más adelante, evité volver sola a aquella casa. De lo que estoy absolutamente segura es de que la sensación de aquella presencia, femenina, era muy concreta, es evidente, y hostil, igual que de la actitud del perro.

Antaño había vivido en aquella casa una mujer sola, que, según me dijeron, murió loca. Después de aquella experiencia, busqué lo que podía hacer por ella. Pensé en ella y, en cierta manera, recé. Nadie se queja de una presencia en aquella casa y yo misma no hablo de ello. Solo tres o cuatro amigos íntimos están al corriente.»

Este testimonio es muy interesante en muchos aspectos. Al parecer, es más frecuente que se experimenten como terroríficos los encuentros con difuntos desconocidos que los VSCD aparentemente iniciados por familiares o amigos fallecidos que los receptores acogen como un regalo y los llenan de alegría y gratitud. ¿Cuál puede ser el sentido de este tipo de contacto? ¿Cuál es el beneficio? ¿Y para quién?

La reacción inhabitual del perro también es muy destacable. Fue el primero que detectó la presencia de la difunta y parecía paralizado por el miedo. La sensibilidad de los animales domésticos a los fenómenos paranormales ha sido objeto de numerosos estudios, entre ellos los de Rupert Sheldrake, el famoso biólogo inglés, autor del concepto de «la resonancia mórfica».[26] En una de sus obras, titulada *De perros que saben que sus amos están camino de casa y otras facultades inexplicadas de los*

---

26. www.sheldrake.org.

animales,[27] explora la existencia de un vínculo invisible entre los seres humanos, los animales y el entorno, y comenta las capacidades psíquicas de los animales.

En *Saludos desde el cielo* aparece un testimonio sorprendente parecido a la experiencia de Eliette S.

Tina, que vive en Washington, vivió esta experiencia un año después de la muerte de su hermano Rudy, de 47 años.

«Estaba limpiando la cocina. De repente, nuestro gato salió como una flecha del salón y entró en la cocina. Tenía el pelo erizado y bufaba. Debido a que corría muy deprisa sobre el suelo de linóleo, aterrizó, por así decir, resbalando.

¡Al mismo tiempo, nuestro perrito salió marcha atrás del salón, ladrando y gruñendo, con el pelo erizado! Fui a ver lo que ocurría ¡y vi a mi hermano sentado en la butaca basculante! Me sonreía. ¡Estaba encantada de verlo! Estaba sentado allí, vestido con unos vaqueros y una camisa roja a cuadros, como había hecho innumerables veces en el pasado. Yo me sentía perfectamente tranquila, segura de que Rudy estaba bien. Después, se disipó en el aire ante mis ojos.

Siempre fui una escéptica inveterada, hasta el día en que viví aquella experiencia. Nunca hubiera creído que algo así pudiera suceder. De no ser por la reacción de los animales, sin duda habría pensado que era víctima de una alucinación.»[28]

Las **VSCD de protección** se producen en situación de crisis o de peligro inminente y tienen como consecuencia evitar un drama, como un accidente, un incendio, una agresión, un ahogamiento, etc. Estas experiencias no se producen cuando la persona afectada ya ha identificado el peligro. Por ejemplo, no vivirá este tipo de experiencia quien haya com-

27. Rupert Sheldrake, *De perros que saben que sus amos están camino de casa y otras facultades inexplicadas de los animales*, Barcelona, Paidós, 2010.

28. Bill Guggenheim y Judy Guggenheim, *Saludos desde el cielo, op. cit.*, pp. 338-339 (ed. francesa).

prendido que su casa está en llamas y corra en busca de un extintor o esté llamando a los bomberos. Estas VSCD no sirven para *gestionar* una situación de crisis, sino para *tomar conciencia* de la misma. Se cuentan casos de niños en peligro que se han salvado *in extremis* gracias a una advertencia transmitida por diferentes tipos de VSCD. A veces, problemas de salud no diagnosticados son el origen de la experiencia. Pienso en particular en una mujer que durante el sueño oyó la voz de su madre fallecida diciéndole con insistencia que su hermana debía consultar con un médico un dolor de garganta persistente, un cáncer de garganta que de este modo pudo detectarse a tiempo.[29] El doloroso asunto del suicidio también se ve afectado por este tipo de VSCD. Algunos individuos refieren que se disponían a poner fin a sus días cuando un familiar o amigo fallecido se manifestó para disuadirles de ello. Al situar el problema que fue el origen de los sufrimientos insoportables que les habían conducido a semejante acto extremo en un contexto más amplio, el familiar o amigo fallecido les había situado a la distancia necesaria para relativizar su problema y continuar su camino de vida.

Las VSCD de protección son experiencias en extremo impresionantes, porque el reto es potencialmente vital.

A diferencia de las otras vivencias subjetivas de contacto con un difunto, estas experiencias a menudo se producen años (diez, veinte e incluso cuarenta años) después del fallecimiento. No obstante, estas VSCD también pueden presentarse poco tiempo después del fallecimiento, como ocurrió en los dos testimonios siguientes.

La cuestión de la autenticidad de las VSCD se abordará en el capítulo 7. En este momento, nos limitaremos a señalar dos hipótesis opuestas comúnmente emitidas: estos contactos serían o bien ilusiones —incluso alucinaciones autogeneradas por el estrés del duelo—, o bien auténticas experiencias transpersonales.

Como ocurre con las VSCD en el momento del fallecimiento en las que un familiar o amigo comunica él mismo su fallecimiento a una persona que evidentemente en este instante todavía no está en duelo, el argumento intrapsíquico no se sostiene en el caso de las VSCD de pro-

---

29. Comunicación personal, 2013.

tección. Teniendo en cuenta el gran número de años que a menudo ha transcurrido entre el fallecimiento y la VSCD, el receptor o bien ya no está en duelo desde hace tiempo, o bien nunca lo ha estado (el caso del receptor que era un niño en la época del fallecimiento, etc.).

Es una de las dos categorías para las que no hemos recibido testimonios en nuestro llamamiento a testigos. Por lo tanto, a continuación presento relatos incluidos en los libros de los Guggenheim y de LaGrand.

Apenas una semana después del fallecimiento de su madre como consecuencia de un cáncer, Debbie recibió una advertencia vital.

«Fui a Florida a visitar a mi mejor amiga, Donna, cuya hija Chelsea tenía solo 6 meses. Donna acababa de acostar a su hija para la siesta y yo quería ir al supermercado para hacer algunas compras. Estaba a punto de salir de la casa cuando oí la voz de mi madre de manera telepática con mucha claridad: ¡Tienes que ir a ver al bebé! Me dije que, sin duda, era una alucinación debida al duelo y descarté ese pensamiento. Cuando salía por la puerta de entrada, oí la voz de mi madre por segunda vez: ¡Debes ir a ver al bebé! Su voz era clara y viva. Por lo tanto, volví sobre mis pasos y me dirigí a la habitación de la niña. Cuando abrí la puerta, ¡estuve a punto de desvanecerme! ¡El bebé estaba totalmente azul! Chelsea se había enredado por completo en la sábana y había tirado de otra sábana colocada al lado de la cama que la cubría por la mitad. La cogí, temiendo haber llegado demasiado tarde, pero hizo una inspiración profunda y después dio un grito desgarrador. Llorando, me senté en el suelo con el bebé en brazos y dije: "¡Dios mío! ¡Gracias, mamá, gracias!"»[30]

Una mujer vivió la siguiente experiencia unos meses después del fallecimiento de su marido.

«Aquella tarde, había salido a hacer una visita a alguien. De regreso (me habían acompañado en coche), entré en casa por la puerta del

---

30. Bill Guggenheim y Judy Guggenheim, *Saludos desde el cielo, op. cit.*, p. 50 (ed. francesa).

garaje utilizando el mando a distancia para abrirla. En condiciones normales, al entrar en el garaje, me habría detenido en el coche para dejar allí el mando a distancia. Pero aquella vez, en el momento en que estaba a punto de pararme para abrir la puerta del coche, alguna cosa me empujó por detrás y me hizo sobrepasar el coche y entrar directamente en el interior de la casa. En cuanto cerré la puerta de la cocina, oí un gran ruido. Me quedé petrificada. Llamé enseguida a mi vecino, porque pensé que alguien había entrado en casa para robar. Vino enseguida y empezó a registrar la casa. Cuando llegó al garaje, comprendió de inmediato lo que había pasado: uno de los grandes resortes de la puerta del garaje se había roto y había aterrizado precisamente en el lugar donde yo me habría encontrado si me hubiera detenido para dejar el mando a distancia en el coche.»[31]

Veamos ahora el testimonio de Pattie, que oyó una orden salvadora de su padre, fallecido cinco meses antes.

«Una tarde, regresaba a casa después del trabajo circulando a 70 kilómetros por hora por una autopista atiborrada, parachoques contra parachoques. Estaba repantingada en el asiento, sujetando el volante con un dedo, absorbida por mis pensamientos.

De repente, oí la voz de mi padre en mi mente. Dijo severamente: *¡Siéntate erguida! ¡Pon ambas manos en el volante! ¡Ponte el cinturón de seguridad, porque va a estallar uno de tus neumáticos!* Lo oí de forma nítida y clara.

Me enderecé de inmediato, me abroché rápidamente el cinturón de seguridad y coloqué las dos manos en el volante. Después de apenas un kilómetro, oí *¡buuuuuum!*, y el neumático estalló. Como estaba preparada, pude inmovilizar el coche al borde de la cuneta de la carretera.

¡No quiero ni imaginar lo que habría pasado si no hubiera estado preparada!»[32]

---

31. Louis E. LaGrand, *Gifts from the Unknown*, op. cit., pp. 234-235.
32. Bill Guggenheim y Judy Guggenheim, *Saludos desde el cielo*, op. cit., p. 295 (ed. francesa).

Bajo la denominación de **VSCD prácticas** se reúnen las experiencias en las que los difuntos dan una información material a sus familiares o amigos de la que no tenían conocimiento previo. Puede tratarse de un libro de familia, de unos ahorros guardados en un lugar secreto, de una póliza de seguros, de una libreta de ahorros, de títulos de depósitos en Bolsa o de otros documentos que los familiares o amigos necesitan urgentemente. Los trámites administrativos relacionados con el fallecimiento, y todavía más los problemas financieros, generan un estrés y añaden un peso suplementario sobre los hombros de quien está en duelo, que ya está desestabilizado y fragilizado por el dolor de haber perdido a un ser querido. Estos contactos pueden producirse cuando el receptor busca con ahínco un documento y se siente desamparado o, al contrario, cuando la persona en duelo no sospecha nada, como esta madre fallecida que comunicó a sus hijos que había una gran suma de dinero oculta en el doble fondo de su secreter en el momento en que se disponían a vender el mueble a un anticuario.

Te invito a descubrir una experiencia de este tipo.

«El fallecimiento de mi querida mamaíta, ocho meses antes de cumplir 100 años, me dejó muy abatida. […] Desde que mamá murió, estoy convencida de que el alma de los muertos continúa frecuentando la casa en duelo donde la familia llora. Esta es la razón por la que lo creo:

Buscaba una redacción que escribió quince años antes una de sus alumnas en la escuela de piano, Virginie, de diez años, cuando aún vivía en Belfort, en la que hablaba de la belleza de las manos de mamá mientras tocaba el piano. Mamá siempre había guardado celosamente esta redacción, que la había emocionado, entre sus papeles personales. Yo quería leerla en el tanatorio, pero ignoraba por completo dónde la había guardado mamá. ¿Estaba entre las páginas de algún libro? ¿En una caja? Me acerqué al armario de mamá en su habitación y abrí por completo ambas puertas mientras murmuraba: "¡Oh!, mamaíta, ¿dónde pusiste la redacción de Virginie?"

De repente, vi caer a mis pies un sobre grande que contenía hojas, que se desparramaron por el suelo y en medio de las cuales encontré la redacción de Virginie..., que pude leer durante la ceremonia de cremación.

La prueba de que mamá estaba cerca de mí continuó.

Una hora más tarde, la empresa funeraria me pidió que les entregara el libro de familia de mamá. Cogí su pesada caja de papeles clasificados por apartados, pero me resultó imposible encontrar ese libro en su carpeta de "Estado civil". Saqué y abrí una por una todas las carpetas de la caja metálica. ¡Nada!

Derrotada, me dejé caer en el sofá Voltaire, al lado de su cama, y me puse a hablar con mamá en voz alta: "Te lo suplico, mamá, dime dónde está".

De repente, tuve un "flash" que me mostraba el libro de familia plano en el fondo de la caja, bajo todos los documentos que acababa de registrar. ¡El libro de familia estaba allí!»

(Jacqueline T.)

Durante una **VSCD compartida**, las experiencias visuales, auditivas, táctiles y olfativas, así como la sensación de presencia, a veces pueden ser percibidas de manera simultánea por varias personas reunidas en un mismo lugar.

Sin embargo, la gran mayoría de las vivencias subjetivas de contacto con un difunto se producen sin que una tercera persona pueda dar testimonio de ello. O bien el receptor está solo en el momento de la experiencia, o bien otras personas están presentes pero no perciben al difunto. Las VSCD compartidas son raras pero especialmente significativas, pues la vivencia común de un contacto refuerza la sensación de realidad de la experiencia.

Por otra parte, generalmente los receptores ven o sienten la presencia *de un solo familiar o amigo fallecido*, aunque en algunas ocasiones pueden percibirse varias personas difuntas de forma simultánea. Ocurre, particularmente, cuando varios miembros de una misma familia fallecen en un accidente y más adelante se aparecen conjuntamente a su familiar.

Un relato publicado en *Saludos desde el cielo* ilustra una VSCD compartida.

Lauren trabaja como terapeuta comportamental en Florida. Su hermano Donald se suicidó a los 53 años de edad.

«Donald tenía una lesión en la parte inferior de la espalda y cojeaba notablemente, le costaba caminar. Se había sometido a dos operaciones y los tres últimos años de su vida sufría dolores casi insoportables.

Durante la ceremonia mortuoria, miré casualmente por la ventana ¡y vi a Donald caminar hacia la iglesia! Su cuerpo era medio transparente, veía los árboles detrás de él. Era un poco más joven y tenía el aspecto intacto, ¡ya no cojeaba!

Vestía una de sus camisas de tela escocesa que tanto le gustaban y un pantalón. Parecía perfectamente contento y feliz, como si estuviera dando un pequeño paseo. Se acercó a la ventana, como si quisiera indicarme que me reuniera con él. Después, simplemente, desapareció.

Cuando terminó la ceremonia, mi cuñada Joyce me preguntó:

—¿Has visto a Donald?

Sorprendida, le respondí:

—¡Sí!

—¡Yo también lo he visto! —me dijo.

Supongo que era la manera elegida por mi hermano para despedirse de nosotras. Para mí, fue una experiencia rica en consecuencias que puso fin de forma natural a mi tristeza.»[33]

Acabamos de pasar revista a los diferentes tipos de VSCD, de las más sutiles, las VSCD simbólicas, a las más espectaculares, las VSCD visuales acompañadas de comunicaciones telepáticas bilaterales. Como hemos visto, a menudo la experiencia es compleja y combinada: pueden producirse varios tipos de VSCD de manera simultánea, un receptor puede, por ejemplo, sentir la presencia del difunto, que le pone una

---

33. Bill Guggenheim y Judy Guggenheim, *Saludos desde el cielo*, *op. cit.*, p. 330 (ed. francesa).

mano en el hombro y le habla, a la vez que desprende una fragancia familiar. Así pues, algunos testimonios citados habrían podido figurar simultáneamente en varias categorías, lo cual me ha obligado a elegirlos de forma arbitraria para su clasificación.

+ *Las VSCD que se producen durante el sueño o en estado de somnolencia son claras, coherentes, memorables y se viven como reales y completamente diferentes de un sueño. Este tipo de contacto es muy corriente.*

+ *Durante una VSCD en el momento del fallecimiento, el receptor es informado de la muerte de un ser querido por el propio fallecido, que «viene a despedirse». Estos contactos, que se producen en el momento exacto del fallecimiento, que tiene lugar a distancia, son previos a la comunicación de la muerte (por la familia, el hospital, etc.).*

+ *Durante una VSCD por medio de una llamada telefónica, suena el timbre del teléfono y después, al descolgar, el receptor oye un breve mensaje de la persona fallecida o se establece una comunicación bilateral. Este tipo de contacto es muy raro.*

+ *Las VSCD que se manifiestan mediante fenómenos físicos inexplicables se refieren a la puesta en marcha espontánea de diversos aparatos y lámparas, a la detención de relojes a la hora del fallecimiento, al desplazamiento o giro de fotos o imágenes, a ruidos nocturnos inexplicables, etc. Estas VSCD son habituales.*

+ *Las VSCD simbólicas son experiencias sutiles, a menudo basadas en una vivencia común, que los receptores experimentan como un signo o un guiño del difunto y solo adquieren sentido mediante la interpretación que hacen del mismo.*

+ *Las VSCD que asustan son experiencias dominadas por completo por el terror, contrariamente a la gran mayoría de VSCD, que se viven como positivas y tranquilizadoras, aunque a veces está presente un ligero miedo pasajero. La reacción de pánico del receptor pone fin de inmediato al contacto. Este tipo de VSCD es raro.*

✦ *Las VSCD de protección se producen en situación de crisis o de peligro inminente y tienen como consecuencia evitar un drama, como un accidente, un incendio, un ahogamiento, una agresión, un suicidio, un problema de salud no diagnosticado, etc. A menudo, se producen decenas de años después del fallecimiento.*

✦ *Durante una VSCD práctica, los receptores reciben una información material que les es muy necesaria (documentos administrativos, ahorros guardados en un lugar secreto, póliza de seguros que no se encuentra, etc.). Parece producirse una transferencia de información desconocida por el receptor.*

✦ *Durante una VSCD compartida, las experiencias visuales, auditivas, táctiles y olfativas, así como las vivencias de una presencia, ocasionalmente pueden ser percibidas de manera simultánea por varias personas reunidas en un mismo lugar.*

✦ ✦

Análisis de los testimonios de VSCD recibidos en el INREES

Tras la solicitud de testimonios lanzada a raíz de la publicación en 2013 de mi artículo titulado «VSCD: hallucination ou dernière communication?»[34] en *Inexploré*, recibimos cerca de 40 respuestas, la mayoría de las cuales incluían varios testimonios. Una treintena de relatos describía vivencias subjetivas de contacto con un difunto, mientras que el resto contenía otro tipo de experiencias. He utilizado los testimonios, únicos o múltiples, de 20 personas, algunos de los cuales se citan en varios apartados. Al añadir los testimonios de la pareja que perdió a su bebé, a la que conocí en otras circunstancias, disponía de relatos de VSCD de 22 per-

---

34. Evelyn Elsaesser-Valarino, «VSCD: hallucination ou dernière communication?», art. cit., pp. 84-88.

sonas. Antes de leer los testimonios, estaba segura de que los tipos de VSCD recibidos se corresponderían más o menos con los resultados de la investigación que indican que las VSCD más frecuentes son las que implican la sensación de una presencia y los que se producen durante el sueño o en un estado de somnolencia.

Estaba convencida de que, en nuestra modesta muestra, faltarían los testimonios de varias, incluso muchas, de las categorías establecidas por los Guggenheim. No ocurrió así, pues el abanico de tipos de VSCD que recibimos fue muy amplio. Incluso pude realizar una selección de los relatos que iba a presentar. Las dos únicas categorías para las que no recibimos testimonios fueron las «VSCD de protección» y las «VSCD compartidas». La experiencia descrita por Marie-Josée M. como «VSCD visual» no entra en la categoría de las VSCD compartidas, pues el contacto que ella había percibido por parte de su marido fallecido era diferente de la vivencia de su hija, que había oído una voz que le decía: *Ve a ver a mamá, te necesita.* Aunque los contactos se produjeron la misma noche, no tuvieron simultáneamente la misma experiencia.

Otra sorpresa importante: ¡todos los testimonios —excepto el de la pareja Christine y Jan H.— procedían de mujeres! Ningún hombre había enviado un relato de VSCD al INREES. ¿Cómo es posible? Los hombres también experimentan estos contactos. ¿Acaso todos los lectores de *Inexploré* son mujeres? Evidentemente, no. ¿Acaso las mujeres tienen más facilidad para hablar de sus vivencias íntimas, y una VSCD es una experiencia íntima? Sí, creo que se trata de esto. La clave de este misterio reside tal vez en su mayor disponibilidad para compartir esta vivencia muy personal.

Semiparálisis pasajera

En lo referente al desarrollo de las VSCD, me llamó la atención un elemento al que merece dedicar unos instantes. De los testimonios citados en las páginas anteriores, se desprende que a veces las VSCD pueden producir incomodidad, incluso terror. Estas sensaciones también pueden adquirir formas más radicales. Tres de nuestros testigos, Marie-

Josée M., Anne-Marie L. y Dominique Marie C., describieron una imposibilidad de moverse y de hablar que se podría describir como una semiparálisis pasajera. Los investigadores nunca han descrito este fenómeno como una característica identificada de las VSCD. Se podría suponer que se trata de un elemento raro, puesto que está ausente de las publicaciones que tratan este tema, pero 3 de nuestros 22 testigos lo han experimentado. No es una cifra despreciable y, por lo tanto, esta vivencia no puede considerarse como marginal en el marco de nuestra modesta muestra.

Reproduzco los pasajes referentes a extractos de los testimonios presentados anteriormente.

«Desde el inicio de este acontecimiento, intenté llamar a mi hija. Solo tenía una idea: gritarle que viniera a ver a su padre, que había regresado…, pero, pese a mis esfuerzos, no salía ningún sonido de mi garganta, estaba absolutamente paralizada, como si se me impidiera llamarla. Unos segundos después del desvanecimiento de la aparición, mi garganta recuperó la voz y por fin pude llamarla.»

(Marie-Josée M.)

Tenemos el caso de Anne-Marie L., que había ayudado a un joven herido en un accidente de coche, fallecido durante el traslado al hospital. Al regresar a casa y acostarse, sintió que algo se deslizaba detrás de ella, con una sensación de frío glacial de los pies a la cabeza.

«Al mismo tiempo, estaba paralizada, aprisionada de forma violenta y absolutamente incapaz de mover ni el dedo meñique. Era realmente terrorífico, pensé que tenía que encender la luz, pero el cerebro no me respondía, aunque estaba bien despierto, y me atormentaba la idea de no conseguir liberarme.»

Cito un extracto del testimonio de Dominique Marie C.

«Era consciente de todo lo que ocurría, pero me era totalmente imposible moverme, como si una chapa de plomo me lo impidiera. Entonces fue cuando sentí físicamente su presencia, me tocó en el brazo y después en la espalda. Me asusté de veras por aquella sensación, sobre todo porque no podía hacer el menor movimiento. Entonces, se escapó un sonido del fondo de mi garganta y el contacto se rompió. Pero seguía sin poder moverme.»

Haraldsson cita un testimonio que contiene también este aspecto de semiparálisis pasajera.

«Jacob era uno de los pacientes del sanatorio antituberculoso donde yo trabajaba. A veces, estaba deprimido y yo intentaba aligerar su estancia en el sanatorio mediante un poco de humor. Un día, lo invité a hacernos una visita, puesto que era originario del mismo pueblo que mi marido y pensaba que le gustaría conocer noticias sobre los lugareños. Aceptó mi invitación con alegría y le dije:

—¿Me promete que vendrá mañana?

—Sí, sí, prometido —me había respondido.

Aquella noche, me desperté y fue como si me hubieran quitado toda la fuerza. Era incapaz de moverme. De repente, vi que se abría la puerta del dormitorio y, en el umbral, se encontraba Jacob, con la cara ensangrentada. Lo miré durante un buen rato, incapaz de hablar ni de moverme. Después, desapareció y tuve la sensación de que cerraba la puerta detrás de él. Volví a mi estado normal, desperté a mi marido y le conté el incidente:

—Puedo jurar que alguna cosa ha pasado en el sanatorio.

Por la mañana llamé por teléfono y pregunté si Jacob se encontraba bien.

—No —me respondió la enfermera—, esta noche se ha suicidado.»[35]

Jacob se había suicidado por ahogamiento y las heridas faciales procedían de las piedras de lava que se encontraban en el fondo del río al

---

35. Haraldsson Erlendur, *The Departed among the Living: An Investigative Study of Afterlife Encounters*, *op. cit.*, pp. 91-92.

que se había tirado. Señalemos que la mujer que experimentó esta VSCD no estaba informada ni del suicidio de su paciente ni de las heridas relativas cuando vio la aparición, con la cara ensangrentada. ¿Qué fue lo que produjo la semiparálisis pasajera? Una caída drástica del nivel energético del receptor, que se manifiesta por una extrema debilidad momentánea, parece asociarse a la incapacidad de moverse y de hablar: «Aquella noche, me desperté y fue como si me hubieran quitado toda la fuerza. Era incapaz de moverme», dice la cuidadora del sanatorio antituberculoso. Encontramos este concepto de pérdida de energía en el testimonio de Wynn Bainbridge presentado como «VSCD en el momento del fallecimiento», que, sin embargo, no menciona una semiparálisis pasajera. En el preciso momento en que su prima estaba muriendo, ella se sintió muy mal: «No habría podido decir lo que me pasaba, no tenía ni dolor ni enfermedad, solo una sensación horrible de que la fuerza estaba abandonándome. No estaba a punto de desmayarme, solo sentía una terrible debilidad».

En cualquier caso, es fácil imaginar el terror que una incapacidad pasajera de moverse puede provocar en los receptores. Esta característica ahora identificada se añade a la larga lista de los enigmas que plantean las vivencias subjetivas de contacto con un difunto, un tema apasionante para futuras investigaciones.

Algunos receptores hablan de una semiparálisis pasajera durante la VSCD, que se manifiesta por la incapacidad de moverse y de hablar. Este fenómeno nunca se ha descrito en las publicaciones como una característica identificada de las VSCD.

El testimonio de Béatrice

El testimonio de Béatrice M. nos llegó de la región de Île-de-France. Béatrice tenía desde siempre una sensibilidad mediúmnica que describe así:

«Desde mi más tierna edad, hablo con mi abuela paterna, a la que nunca conocí porque falleció antes de que yo naciera. Muy tarde, en mi vida adulta, descubrí que no todo el mundo hablaba con los muertos. ¡Me quedé muy sorprendida! Para mí, era normal y, al contrario, no comprendía por qué los demás no lo hacían.»

Su padre falleció de un accidente cuando ella todavía era bastante joven.

«Por supuesto, me comuniqué con él durante un tiempo. Me habían avisado de su partida, pero no quise ver o escuchar.

De hecho, tuve numerosos contactos con personas fallecidas. Nunca me planteé la pregunta de la supervivencia de la conciencia después de la muerte física, esto siempre fue una evidencia para mí. Cuando era pequeña, decía que mi cuerpo era mi vehículo.

Hay personas [fallecidas] que desean comunicarse conmigo; a veces acepto y otras veces me niego. Una persona insistió, así que terminé por escucharla. ¡Era divertido, siempre venía cuando yo estaba en la ducha! Por desgracia, no pude ayudarla.

¡Para mí, comunicarme con un difunto forma parte de la vida! Allá arriba (o en otra parte), tienen otra visión de nuestra situación, de nuestra vida, y pienso que se les puede pedir ayuda y mensajes.»

A pesar de sus dotes mediúmnicos, no los convirtió en su forma de ganarse la vida, sino que cursó estudios de gestión financiera y comercial en una escuela de comercio. Después, durante veinte años, se encargó de la gestión administrativa, financiera, social, fiscal y contable de una PYME.

«Tengo una experiencia muy materialista de la vida. Pienso que esta actividad profesional me ha permitido fijarme a la tierra y no partir constantemente a comunicarme con "el otro mundo". ¡Le cuento esto para decirle que tengo los pies sobre la tierra!»

Sin embargo, con el tiempo, Béatrice empezó a desarrollar una actividad de sanadora, pues hace una veintena de años descubrió que «sus manos curaban».

Béatrice nos explica una de las experiencias más sorprendentes que ha vivido, entre muchas otras, que implican a una niña a la que no conocía.

«En enero o febrero de 2012, un pequeño avión de turismo tuvo un accidente en Moisselles. En el interior, había dos personas, un hombre joven y una niña de 13 años. Los dos o tres días siguientes al accidente, tomé la carretera cercana al lugar donde se había estrellado el avión. En aquel momento, sentí que la niña estaba conmigo en el coche. Estaba muy, muy agitada. Le pedí que esperara, porque tenía una cita. No se alejó de mí. Regresé a mi domicilio, me aislé en un lugar tranquilo y empecé la comunicación con ella. No dejaba de decirme: *Fue culpa mía, estoy segura de que fue culpa mía. Toqué alguna cosa que no debía tocar.* Me habló de su vida y de su madre. Estaba preocupada por saber quién iba a alimentar a su mascota y a hacerle caricias. Me informé, tenía un gato. Me comuniqué con ella durante un tiempo e intenté tranquilizarla. En aquella época, yo hacía reiki, así que le envié curas para que se tranquilizara. Muy suavemente, las comunicaciones se detuvieron.

En julio de 2013, se publicó un artículo en *La Gazette* en el que se hablaba del accidente, porque la investigación para establecer sus causas había concluido. Los resultados de la investigación fueron un golpe para mí. ¡En efecto, el avión tuvo un accidente porque la niña había tocado alguna cosa que era muy importante no tocar!

En aquel momento, me sentí muy culpable, porque no había interpretado bien los mensajes, pensaba que decía aquello porque tenía mucho miedo, tenía miedo de aquella nueva vida que la esperaba.»

Béatrice nos hizo llegar una copia del *Parisien* que describe las probables causas del accidente de avión.

«[...] El pasajero puede activar mandos por descuido. Por ello, los investigadores se centraron en el modelo del avión y encontraron, en el diseño del aparato, la probable explicación del accidente. Procedieron a una recreación en el suelo en un aparato idéntico, con la ayuda de una persona de corpulencia parecida a la de la joven pasajera, y descubrieron que era posible colocar el pie en el desvío del timón de altura, "manteniendo a la vez una postura natural y cómoda". Resultado: "Sin ejercer una presión elevada con el pie izquierdo, el pasajero puede fácilmente colocar el desvío del timón de altura en posición de picado". Sin que sea posible corregirlo: "En las condiciones de los ensayos, no ha sido posible contrarrestar esta acción actuando sobre el volante".»[36]

Este testimonio tiene una fuerza probatoria muy convincente. La niña estaba aterrorizada cuando se dirigió a Béatrice, dijo que había provocado el accidente del avión por inadvertencia, que había «tocado alguna cosa que no debía tocar». En efecto, la investigación oficial lo confirma, había sido ella, al poner el pie en un lugar concreto, la que había puesto el avión «en posición de picado», provocando con ello el accidente del aparato. ¡Qué tragedia, y qué fallo de diseño inadmisible! La niña se dirigió a Béatrice, una desconocida, como si fuera imperativo para ella establecer un contacto donde fuera posible, donde pudiera ser percibida y comprendida, con toda urgencia.

El perfil del receptor

¿Quién puede vivir potencialmente una VSCD? ¿Existe un perfil de los receptores? ¿Qué circunstancias deben concurrir para que haya probabilidades de vivir esta experiencia? ¿Qué características debe tener el receptor? En el estado actual de la investigación, la respuesta es simple: ¡todo el mundo puede experimentar una VSCD!

---

36. Le Parisien.fr, 28 de junio de 2013.

Examinemos la cuestión con mayor detalle. Generalmente, el receptor es una persona en duelo (excepto en las VSCD en el momento del fallecimiento o las VSCD de protección). En la mayoría de los casos, el fallecimiento del ser querido percibido se ha producido a lo largo del año que acaba de transcurrir, pero puede remontarse mucho más lejos en el tiempo, en particular en las VSCD de protección.

No se ha identificado ningún perfil específico de los receptores. El sexo, la edad, el estatus socioeconómico, la educación, la religión y la nacionalidad no parecen determinantes ni para que tenga lugar la experiencia ni para su contenido.

El hecho de ser creyente, agnóstico o ateo no influye en absoluto en la naturaleza de la experiencia ni en la probabilidad de vivirla. Sin embargo, *la interpretación* de la experiencia es individual, depende del sistema de creencias y de la vivencia específica del receptor.

Los niños pueden experimentar VSCD de la misma manera que los adultos. Por desgracia, es habitual que los padres no los tomen en serio y los dejen solos para dar un sentido a esta vivencia.

Algunos de nuestros testigos tenían claramente una sensibilidad mediúmnica preexistente, otros vivían su primera experiencia transpersonal como consecuencia de la muerte de un ser querido. No creo que haya que sacar de ello la conclusión de que es necesaria una sensibilidad especial para experimentar una VSCD. Más bien creo que todos los seres humanos poseen esta capacidad en estado latente y que puede activarse en cualquier momento en todas las personas.

Nuestros testigos no me contradirían. Para ellos, se trata de una experiencia natural y, sin duda, no quieren ser considerados seres aparte. Simplemente, están contentos de haber podido vivir este último contacto.

Cito a dos testigos cuyas experiencias hemos expuesto anteriormente.

«Le agradezco el interés que manifiesta por lo que me ocurrió. Parece ser que, aunque no sea una "iluminada" (trabajo en el mundo agrícola y tengo los pies sobre la tierra), soy bastante sensible a los ambientes y los hechos ocurridos en ciertos lugares.»

(Eliette S.)

«Soy científica de formación (matemática), por lo tanto, *a priori* soy racional…, y adepta de "la demostración científica", pero el buen Dios —o llámelo como quiera— es muy bromista. Por eso, he vivido estas "experiencias extraordinarias", que me han hecho pensar que las cosas no son tan sencillas… Para algunos, estas experiencias sin duda no son más que trastornos de la mente, pero yo creo que estoy equilibrada y no tengo ninguna duda sobre la "realidad" de estos fenómenos.»

(Claudie V.)

¿Y el «perfil del difunto que inicia el contacto»?

¿Tenemos la más mínima idea del «perfil» de los difuntos supuestamente causantes de los contactos? La gran mayoría de las experiencias se producen entre cónyuges/parejas, familiares cercanos y amigos. A veces, se percibe a conocidos o compañeros de trabajo, y mucho más raramente a desconocidos. En la mayoría de las VSCD, los receptores reconocen enseguida al difunto, pero a veces no lo conocen y descubren su identidad más adelante; por ejemplo, al consultar fotos en las que lo identifican como un antepasado, un amigo de la familia fallecido hace mucho tiempo, etc. En algunos casos, los receptores no conocen realmente el objeto de la aparición, pero lo perciben en un lugar con el que el difunto tenía unos vínculos significativos (un marinero recién contratado en un navío ve la aparición de otro marinero que se ahogó poco antes, por ejemplo). Las publicaciones mencionan sobre todo apariciones de difuntos conocidos por los receptores.

Erlendur Haraldsson, profesor emérito de psicología en la Universidad de Reikiavik, en Islandia, es una eminencia mundialmente reconocida, sobre todo en el ámbito de la reencarnación, las visiones en el momento de la muerte y las vivencias subjetivas de contacto con un difunto. Es el único investigador que ha recogido, en su amplio corpus de testimonios almacenados a lo largo de varias décadas, un gran número de apariciones de fallecidos desconocidos por los receptores, como ilustra uno de sus estudios: el 49% de los receptores había experimentado una VSCD con un miembro de su familia, el 8% con un amigo o una amiga, el 3% con un colega o una colega de trabajo, el 11% con alguien conocido y un sorprendente 29% con una persona desconocida.[37] ¿Cómo se puede imaginar un encuentro con un difunto desconocido? Veamos una ilustración.

> «Con frecuencia, oía ruidos de pasos y, en algunas ocasiones, vi al mismo hombre, al que no conocía. Esto tuvo lugar tanto en mi casa como en el hospital donde recibía un tratamiento. Una vez, en plena noche, fui a la cocina para calentarme algo para comer cuando, de repente, oí unos pasos que se dirigían hacia mí. Un hombre vestido con ropa gris apareció en el marco de la puerta. Era un hombre alto y fuerte, que llevaba un sombrero gris ordinario. Tenía un aspecto amable y me dio la impresión de que quería comunicarme un mensaje. Me sentí incómoda. No era una experiencia agradable y tenía un poco de miedo.»[38]

¿La causa del fallecimiento es un elemento determinante?

Haraldsson se ha detenido especialmente en las causas de los fallecimientos en relación con las VSCD. En uno de sus estudios, expone que el 23% de los difuntos que parecían haber iniciado los contactos había fallecido de muerte violenta (accidente, suicidio, asesinato).[39] Esta cifra es mucho más elevada que el número medio de muertes violentas en la población islandesa en el momento de la encuesta. Según él, la probabilidad de aparecerse a los vivos es mayor para las personas fallecidas de muerte violenta. Corroboran esta cifra los resultados de un estudio más antiguo llevado a cabo por investigadores británicos y publicado en 1918, que indica que el 27,5% de los di-

37. Erlendur Haradlsson, *The Departed among the Living, op. cit.*, p. 246.

38. *Ibíd.*, p. 6.

39. Erlendur Haraldsson, «Halluzinationen: Plötzlich hörte ich eine Stimme», *Therapiewoche*, 1996, 44, 32, p. 1866.

funtos que iniciaban los contactos había sido víctimas de muerte violenta.[40]

Estos resultados concuerdan con la creencia popular presente en numerosos países que estipula que los individuos asesinados o muertos por suicidio se aparecen con mayor frecuencia a los vivos que las personas fallecidas en otras circunstancias. ¿Cómo se explica esto? ¿Acaso los individuos a los que se ha arrebatado bruscamente la vida, ya sea por accidente o asesinato, tienen más necesidad de manifestarse ante los vivos, puesto que no han tenido tiempo de despedirse de sus seres queridos? Para los individuos que se apagan como consecuencia de una enfermedad, existe este tiempo para el último adiós. ¿Quizá, debido a la imprevisibilidad, la rapidez y la violencia de su fallecimiento, no serían conscientes de estar muertos? En lo referente al doloroso caso de los suicidas, ¿acaso el sentimiento de culpabilidad debido a este acto desesperado tendría algo que ver con la frecuencia importante de estos contactos *post mortem*?

Para Haraldsson, la pregunta se plantea todavía más en el caso de las personas fallecidas de muerte violenta que se aparecen, no a sus familiares o amigos, sino a *desconocidos*, en una proporción mucho mayor que los individuos fallecidos de muerte natural, como si estuvieran en un estado de confusión y tuvieran necesidad de contactos con los vivos. Como si fuera urgente para ellos materializarse donde fuera posible.

¿En qué forma se manifiestan los difuntos, fallecidos de muerte natural o violenta? Según numerosos testimonios, los difuntos no se perciben tal como eran en el momento de la muerte, sino mucho más jóvenes y con una salud resplandeciente. Los rostros que habían estado marcados por la enfermedad en el momento del fallecimiento se perciben intactos y juveniles. Las apariciones suelen irradiar felicidad, serenidad y amor. Generalmente, se desprende de ellos una gran calma. Sin embargo, algunas apariciones se describen como tristes y preocupadas.

¿Cómo se explica esto? Podría suponerse que los difuntos se materializan de tal manera que sus seres queridos puedan reconocerlos, pero

---

40. E. Gurney, F. W. H. Myers y F. Podmore, *Phantasms of the Living*, Londres, 1918; Kegan Paul, Trench, Trubner, Nueva York, E. P. Dutton.

quizá eligen mostrarse tal como eran en una época feliz y despreocupada de su vida pasada, todavía lejos de la vejez y de la enfermedad que surgirían más tarde en su existencia. Tendrían esta libertad si se considerara que entran en la conciencia de los vivos creando una imagen de su elección.

+ *Los receptores conocían generalmente al difunto percibido. En la mayoría de los casos, se trata de un miembro de la familia (cónyuge/pareja, pariente) o de amigos que los receptores identifican de inmediato y sin ninguna vacilación. En general, los había unido un apego emocional intenso. A veces, se percibe a un difunto desconocido.*

+ *No se ha identificado ningún perfil específico de los receptores. El sexo, la edad, el estatus socioeconómico, la educación, la religión y la nacionalidad no parecen determinantes ni para que tenga lugar la experiencia ni en cuanto a su contenido.*

+ *En lo referente al «perfil» de los difuntos que parecen iniciar la VSCD, algunos estudios indican que una muerte violenta podría aumentar la probabilidad de que el difunto se manifestara a los vivos, en particular a desconocidos.*

El testimonio de Chantal

Chantal D. vive en el sudoeste de Francia. Es una asidua lectora de *Inexploré* y escribe lo siguiente:

«Es importante que personas serias de mente científica se ocupen por fin de estos temas marginados, incluso tabúes, porque no tenemos las herramientas o los conocimientos suficientes para comprenderlos en su justo valor y explicarlos. Nuestra sociedad occidental hipermaterialista y racional prefiere relegarlos al campo de lo desconocido y lo sobrenatural, mantener así todo el misterio y el miedo que los rodea, en lugar de destinar los medios necesarios para comprenderlos realmente y aceptarlos como hechos claramente existentes.

Mientras uno mismo no debe enfrentarse a este tipo de experiencias, siempre es posible ignorarlas o negarlas, pero, cuando esto ocurre, se intenta comprender lo que ha pasado y cuál es su sentido. Se busca la confirmación o la respuesta a lo que se ha experimentado. Se consigue, pero con tiempo, hablando con otras personas, reuniendo información y con la experiencia. En cualquier caso, así me ha ocurrido a mí.»

Chantal vivió dos VSCD, la primera de las cuales transcribo en su totalidad. Aunque no tuvo una visión, Chantal piensa que recibió la visita de su abuelo a la hora concreta del fallecimiento del mismo y experimentó unas sensaciones físicas inhabituales.

«[Esta] VSCD ocurrió en 1992, concretamente la madrugada del 25 de febrero. La víspera por la noche, me dirigí a la cabecera de mi abuelo paterno, que acababa de ser hospitalizado. Yo sabía que estaba enfermo y que estaba declinando poco a poco, pero en ningún caso hasta el punto de ser hospitalizado súbitamente. Lo encontré en compañía de mi tía, que lo había acompañado y se quedaba con él. Debido a la edad, mi abuelo padecía sordera total y la comunicación era difícil. Me reconoció, estaba consciente.

Tenía una mirada especialmente luminosa que nunca antes le había visto, como si toda la fuerza de la vida, la energía vital que le quedaba, estuviera concentrada en ella. En el momento de despedirme, sumergí mi mirada en la suya y, entonces, se produjo un intercambio muy fuerte, comprendí que me decía que se había terminado, que iba a partir, que no volvería a verlo vivo.

Cuando estaba a punto de marcharme, vacilé y pregunté a mi tía si quería que me quedara con ella. Mi tía sabía que tenía previsto pasar una velada con unos amigos y me dijo que no era necesario. Estaba dividida. Una parte de mí misma me decía que volvería a ver a mi abuelo al día siguiente y otra parte me decía lo contrario: que su muerte estaba próxima.

A partir del momento en que crucé el umbral de la habitación al marcharme, se me aceleró el corazón y ya no se calmó. Taquicardia, palpitaciones, no sabía qué era exactamente; en cualquier caso, no me desapareció, era continuo. Pasé toda la velada y la mayor parte de la noche en este estado, no estaba presente en lo que hacía y me resultó imposible conciliar el sueño.

El pensamiento de mi abuelo no me abandonaba. Era como si una parte de mí misma se hubiera quedado allí, con él, un vínculo invisible a distancia. El tiempo transcurría muy deprisa, las horas se encadenaban unas a otras de manera increíblemente rápida. Después, muy avanzada la noche, todavía despierta en la cama, bruscamente, la taquicardia y las palpitaciones se detuvieron en seco, la calma volvió y, a continuación, sentí un aliento fresco que pasaba como una tromba junto a mí, recorriendo la cama de los pies a la cabeza. Comprendí que mi abuelo acababa de morir y, al partir, había venido a despedirse. Encendí la luz y miré la hora, eran las 5:15 h de la mañana.

Por muy extraño que pueda parecer, me sentí muy tranquila y entonces pude conciliar el sueño. Tenía la sensación de haberlo acompañado. Cuando me desperté, quizá una hora y media más tarde, recuerdo que puse el *Requiem* de Mozart para mi abuelo, era lo que requería la circunstancia. Pensé que aquella música con entonaciones espirituales que él no conocía podía ayudarlo allí donde se encontraba en aquel momento. Cuando me comunicaron su fallecimiento, pregunté la hora de la muerte. Había fallecido a las 5:15 h de la mañana.

Viví esta experiencia sin miedo, aunque fue relativamente agotadora porque mi cuerpo participó físicamente en ella. Pero una parte de mí sabía y comprendía.»

El abuelo de Chantal sabía que iba a morir. No necesitaba palabras para comunicarse con su nieta e informarla de su muerte inminente, un intenso intercambio de miradas era más que suficiente. Recién hospitalizado y sin duda sufriendo, producía una sensación de fuerza de vida y de energía vital inhabituales. ¿Qué ocurrió? Aquel hombre sabía (¿cómo lo sabía?) que iba a morir muy pronto y su mirada se iluminó. Lo que parece ser una paradoja no lo es en realidad. Este tipo de reacción en el umbral de la muerte se conoce con la expresión de «conciencia aumentada al acercarse la muerte», que permite a las personas que se encuentran al final de su vida, entre muchas otras cosas, saber instintivamente y con certeza que su muerte está cerca. Comentaré este fenómeno en detalle en el capítulo 4.

Chantal se sorprendió de sentirse calmada en el momento en que comprendió que su abuelo acababa de fallecer. Sin embargo, en aquel instante, parece haberse encontrado en el mismo estado mental de serenidad y de tranquila aceptación que el detectado en la mirada de su abuelo, la víspera por la tarde. Para ella, el tiempo de las lágrimas sin duda llegó más tarde.

Chantal vivió una experiencia que la trastornó y la reconfortó a la vez. Le pregunté qué importancia le daba.

«En cuanto a mi testimonio, la respuesta está contenida en el mismo. Lo importante es la explicación y el sentido que le doy. De manera más general, si integramos en la vida la muerte como un paso y el hecho de que la conciencia o la mente continúe en otro plano más sutil que no es totalmente estanco a nuestra realidad física, estas experiencias se inscriben de manera natural en una forma de continuidad. La interacción entre difuntos y vivos es posible, al menos durante cierto tiempo, a poco que los vivos sean lo suficientemente abiertos, receptivos y sensibles a sus manifestaciones.

Pero lo más importante es el mensaje que se recibe, y no la manifestación, por sorprendente que esta sea. No hay que apegarse a ello, no es lo esencial. Hay que distinguir el fondo de la forma. Si se producen estos contactos, es que tienen su utilidad y su finalidad, tanto por el lado de los vivos como por el de los difuntos, para permitir, eso pienso, que cada uno continúe evolucionando, siga su camino y no se estanque o, aún peor, retroceda. Si un difunto se manifiesta y uno mismo puede captar el mensaje, es magnífico y es un privilegio; de lo contrario, no hay que vacilar en buscar a un verdadero médium digno de confianza para que sirva de intermediario. No hay que abandonar a los muertos. Cuando se manifiestan, es porque realmente tienen alguna cosa importante que transmitirnos o porque necesitan ayuda. La ayuda mutua no solo debe ejercerse entre los vivos.

En este sentido, considero que los médiums dignos de este nombre realizan un trabajo considerable, enorme, para aliviar el sufrimiento de las conciencias. El objetivo es avanzar, no permanecer bloqueado. Para avanzar y elevarse, es necesario eliminar el lastre del peso que tenemos encima. Este tipo de experiencia nos muestra que todavía es posible una vez que se ha pasado al otro lado.

Los mundos visibles e invisibles cohabitan. Acceder a lo que proviene de lo invisible es una cuestión de ampliación del propio campo de conciencia, incluso de cambio de estado de conciencia, que permite pasar a un nivel vibratorio superior y percibir energías sutiles con la conciencia y no con los sentidos ordinarios. Tanto si se va con el piloto automático como si no, en todos los casos, es necesario tener una gran receptividad. Esta es mi explicación. En mi opinión, lo que causa las VSCD es la intención pura, el movimiento del corazón que te determina a entrar en relación, tanto de manera consciente como inconsciente. Escucha profunda, empatía, compasión, amor incondicional, es siempre la misma energía que une.»

Le pregunté a Chantal si su experiencia había modificado su sistema de creencias.

«No hizo más que confirmarlo. Cuando era muy pequeña, ya me hacía preguntas existenciales que el título de un cuadro de Paul Gauguin resume por sí solo: ¿De dónde venimos? ¿Quiénes somos? ¿Adónde vamos? Tenía una sensación muy intensa de proceder de otra parte, de que mi vida presente estaba en continuidad con alguna otra cosa mucho mayor. Tengo en mí lo que yo llamo "mi conocimiento del fondo de las edades", que ante este tipo de fenómenos me hace decir "sé" en lugar de "creo". Una creencia, por otra parte, es algo que viene del exterior y a la que uno se adhiere. En este caso, se trata de una certeza que me pertenece y me cubre desde siempre. Así que, cuando este tipo de experiencias se presenta en mi vida cotidiana, puede sorprenderme a primera vista, pero, en el fondo de mí misma, otra dimensión mucho más amplia que mi conciencia ordinaria —una dimensión interior, intuitiva y espiritual— reconoce lo que aparece.

En el aspecto humano, lo que me aportan estas experiencias va también en el sentido que siempre le he dado a la existencia. Es decir, estamos aquí para evolucionar, para crecer humana y espiritualmente. Como dice tan acertadamente Pierre Rhabi, "para salir de la hominización y participar en la humanización de este mundo". Pasar del hombre al ser humano auténtico no viene dado, hay que hacer un trabajo y recorrer un camino. Es evidente que, cuando morimos, solo nos llevamos con nosotros la conciencia y en el estado en el que se encuentra. Y la muerte puede presentarse en cualquier momento. Todo induce a pensar que la conciencia del difunto es mucho más amplia y lúcida que la del vivo; por eso, lo que no hemos hecho consciente y no hemos expresado durante nuestra vida lo es después de la muerte. Por lo tanto, es importante tener las cosas claras con uno mismo, no hacer cualquier cosa con la propia vida y todavía menos con la de los demás para que, cuando llegue el momento de partir, estemos en paz con nosotros mismos y con el mundo que dejamos detrás. Para mí, es esencial tener en la vida una ética personal basada en los valores humanos.»

Finalmente, le pregunté a Chantal si, en su opinión, las VSCD constituían una prueba de la supervivencia de la conciencia después de la muerte física.

«Por supuesto. En Occidente, con la multiplicación de las experiencias de muerte inminente y otras, no hacemos más que redescubrir lo que en Oriente ya descubrieron hace más de 2.500 años, explorando directamente su espíritu desde el interior. Se trata de ser lo bastante humilde para reconocerlo. En este plano, la escala de referencia manifiestamente no es la misma que la de nuestra conciencia ordinaria y de su realidad física. Nuestra mente no está equipada para comprender y expresar lo que pertenece al campo de las energías sutiles. Por lo tanto, lo traduce con sus herramientas propias refiriéndolo a nuestra realidad. Así es como yo me lo explico. Pienso que la multiplicación de las experiencias de muerte inminente, las VSCD y las "salidas del cuerpo" en las que se experimenta una apertura y una expansión de conciencia participa en el despertar de las conciencias de este mundo; al igual que la implantación del budismo en Occidente, que no tiene nada que ver con la casualidad.»

3

Impacto de las VSCD

¿Cuál sería tu reacción si experimentaras una VSCD? ¿Te asustarías? ¿Te quedarías asombrado? ¿No te lo creerías? ¿Te estremecería el hecho de vivir un acontecimiento que parece inconcebible?

Por sorprendente que pueda parecer a primera vista, se advierte que, en su gran mayoría, las personas viven esta experiencia como un acontecimiento natural y feliz, sin miedo y con gratitud. Como hemos visto, en algunos casos las VSCD —sobre todo las apariciones— pueden asustar a algunos receptores. Aunque son conscientes de que el difunto solo busca su bien, la extrañeza del acontecimiento puede conducirlos, por ejemplo, a abandonar la habitación corriendo para escapar de la aparición. Después, suelen lamentar su reacción irreflexiva y desean ardientemente un nuevo contacto.

Los efectos de la vivencia subjetiva de contacto con un difunto pueden analizarse desde tres ángulos:

- La íntima convicción de que la experiencia vivida es real;
- La importancia concedida a las VSCD y el consuelo que sienten los receptores;
- La convicción de que la persona fallecida continúa existiendo y la implicación de eso para el sistema de creencias.

Íntima convicción de que la experiencia es real

A diferencia de lo que ocurre en otros muchos lugares del mundo, en los países occidentales materialistas los difuntos no forman parte de la vida cotidiana de los ciudadanos. Los individuos mueren en el hospital, en general tras puertas herméticamente cerradas y lo más deprisa posible. Una vez fallecidos, se adorna su tumba con flores una vez al año, si todo va bien, y el día de Todos los Santos es el preferido para esta actividad. No puede decirse que la mayor parte de los occidentales hagan coexistir a sus familiares y amigos fallecidos en su vida cotidiana, se dirijan a ellos en caso de tener que tomar una decisión importante o soliciten su ayuda en situaciones de desamparo, como sí ocurre en otras civilizaciones (véase, en el capítulo 6, «Entrevista con Natalie Tobert – Consideración de las VSCD en otras civilizaciones»). La ruptura con nuestros seres queridos desaparecidos parece irrevocablemente definitiva y quizá por esta razón los duelos se prolongan, a veces de manera exagerada, y el miedo a la muerte está intensamente presente en nuestras sociedades.

En este contexto, ¿cómo es posible que los receptores perciban de inmediato una VSCD como una experiencia que trastorna pero feliz, y que no duden ni un instante de su autenticidad? ¿De dónde procede esta convicción fulgurante que está tan intrínsecamente en contradicción con el paradigma del entorno?

¿Se trata acaso de un conocimiento ancestral oculto en lo más profundo de nosotros mismos y que resonaría instantáneamente con esta experiencia, confiriéndole de entrada un estatus de autenticidad? El hecho es que vivir una VSCD es un acontecimiento que deja huella. Tanto si estos contactos son la respuesta a un deseo íntimo como si se producen de manera completamente inesperada, tienen un impacto tal que los receptores no piensan ni por un instante haber sido víctimas de una ilusión o incluso de una alucinación. En su conjunto, estas experiencias, a menudo consideradas como espirituales, son asumidas como un regalo. Constituyen recuerdos que se valoran durante toda una vida y se integran en la historia familiar. En un segundo momento y después de reflexionar, los receptores pueden preguntarse cómo es posible que ocurra algo así, pues está en contradicción con el pensamiento dominante y quizá con sus propias convicciones interiores, e incluso sorprenderse de haber acogido la experiencia con tanta naturalidad y felicidad.

Hay quien sugiere que las comunicaciones con los difuntos se producen, o se viven como si se produjeran, en respuesta a la desesperación de la persona en duelo. La suposición de que las personas en duelo viven este contacto cuando están inmersas en la tristeza y ya no soportan el sufrimiento de tener que continuar viviendo sin el ser querido no se ha confirmado mediante la investigación. No se vive esta experiencia cuando se desea, no se puede controlar. Al contrario, los testimonios indican que las VSCD se producen cuando el receptor está tranquilo, no piensa en la persona fallecida y se dedica a sus actividades cotidianas. El contacto se produce de repente, sin razón aparente. No responde a una expectativa sino que constituye un elemento de sorpresa.

Cedamos la palabra a nuestros testigos.

Brigitte F. nos contó su experiencia con su suegra fallecida a través de una «VSCD de sensación de una presencia».

«Sí, esta experiencia fue importante para mí, porque me di cuenta de que aquella presencia no era el fruto de mi imaginación, ni de ningún tipo de trastorno mental. Mi suegra, que tenía dotes de mediumnidad, me había prometido que compartiría su experiencia conmigo. La enfermedad le impidió tener tiempo para hacerlo. Sabía que yo tenía una mente abierta respecto a este tema y que tenía una percepción fina de lo que me rodeaba.

Aquella experiencia estimuló todavía más en mí el deseo de documentarme sobre el tema y de darme cuenta de que muchas personas vivían situaciones similares. La experiencia también me demostró que no todos los que la viven son iluminados en busca de sensaciones o personas un poco raras. Todos somos personas ordinarias que vivimos cosas extraordinarias.»

También contamos con el testimonio de Jacqueline T., que compartió con nosotros varias experiencias y entre ellas la citada en el apartado de «VSCD prácticas».

«¡Todos estos testimonios y todos los hechos relatados en estas confidencias sobre mi vida son ciertos! ¡Por desgracia, no se pueden reproducir en un laboratorio! Quizá son la prueba de que todos nosotros, pobres seres humanos con sentidos limitados, podemos sumergirnos sin saberlo en lo extraño, lo insólito, lo inexplicable, en el momento en que menos lo esperamos. Es un poco como si unas fuerzas superiores nos tomaran de la mano para obligarnos a abrir los ojos y los oídos respecto a unas evidencias inexplicables, que no dejan de ser sorprendentes..., incluso para quienes las han experimentado.»

Christine H., la mujer que perdió a su bebé de unos meses, nos aporta su testimonio con estas palabras:

«Tanto Jan como yo somos personas muy racionales y no nos dejamos llevar en absoluto por el esoterismo u otras cosas de este tipo. Ello no impide que en ningún momento hayamos dudado ni un segundo de la veracidad de las visitas de Nina. Estoy absolutamente convencida de ellas.»

Para terminar, veamos el testimonio de Michèle H., que experimentó la presencia de su exmarido fallecido.

«Tengo la convicción íntima de que lo ocurrido era real, porque la felicidad y el bienestar que sentí después de aquella experiencia no me los inventé, sino que los viví con todo mi ser. Antes de aquella experiencia, ya creía que existía otra vida en un plano muy diferente.»

Dificultad de relatar la VSCD

El primer impulso de exaltación y la certeza de que la VSCD es real pueden verse dolorosamente trastocadas si el entorno reacciona de forma negativa a la evocación de la experiencia. Algunos receptores temen ponerse en ridículo y prefieren callarse. Otros se ponen a dudar de su percepción e incluso de su salud mental. El miedo a ser «tomados por una persona chiflada» es muy intenso y puede sumergirlos en una gran confusión. La dicotomía entre su certeza subjetiva y la representación corriente de la «realidad» les hace pensar que han experimentado alguna cosa «que no es posible», «que no puede producirse». El pensamiento dominante de las sociedades materialistas, cerradas en banda a las experiencias transpersonales, es lo que sume a estas personas en el desconcierto. Informar al público del fenómeno de las VSCD, sea cual sea su estatus ontológico, es primordial.

Hemos descubierto la experiencia de Marie-Claire B. en el capítulo 1. Ella describe su alegría, así como la dificultad de compartir este tipo de vivencia.

«Por mi parte, yo estaba encantada. El vínculo seguía estando ahí. Era una sensación maravillosa que me acompañó a lo largo de toda la jornada; tenía la sensación de estar en una nube. No podía compartirlo con nadie, pero me habría gustado mucho hablar de ello. Ya no lo esperaba y no de aquella manera, pero qué bonito regalo de amor de la vida. Como no sabía qué hacer con aquello, fui a Notre-Dame de la Peinière (una capilla cercana a nuestra casa) para encender una vela y dar las gracias por aquel maravilloso regalo. Me sentía privilegiada. No podía haber imaginado una cosa así, una vivencia como aquella. Era maravilloso, me habría gustado dormirme cada noche con aquella sensación. […]

Más adelante, intenté hablar de ello con alguien, porque era difícil guardarme para mí sola aquella alegría tan grande, integrarla en mi vida. Fue catastrófico. Tuve que renunciar a ello porque conseguían hacerme dudar de mí misma, hacerme creer que me acechaba la depresión. No estaba dispuesta a que me quitaran aquello. Me sentía perdida entre la realidad y mi vivencia, lo razonable y la necesidad, entre aquellos dos mundos.»

Has descubierto la experiencia de Jacqueline T. en «VSCD prácticas». Durante mucho tiempo le fue imposible compartir sus diferentes vivencias.

«Lo que nunca me he atrevido a decir… Por mi hijo y por mis nietos, tengo ganas de contar hechos conmovedores que han marcado mi vida y que durante años me he guardado en secreto para mí. Temía que, al desvelarlos a mis amigos, después de escuchar el relato de mis experiencias paranormales me tildaran de "loca". Sin embargo, todas son verídicas, aunque a veces parecen difíciles de creer. ¡Ya no tengo edad, pronto cumpliré 79 años, de empezar a mentir o a fabular!»

Marie-Josée M., cuya VSCD visual he presentado anteriormente, me mandó información complementaria sobre el impacto de su experiencia:

«Tengo que añadir algunos detalles complementarios (que he omitido, pensando que no tenían mucha importancia) sobre las horas y los días siguientes, porque me doy cuenta de que, en realidad, son una resultante extremadamente destacable de esta vivencia.

Cuando mi hija hubo salido de la casa para coger el autobús hacia el instituto, llorando también…, me precipité a la habitación de mi hijo (que entonces tenía 22 años) para despertarlo y, en plena excitación, le conté lo que acababa de vivir…

Intentó calmarme, ¡pero sus únicos argumentos fueron decirme que todo aquello no era más que un sueño!, lo cual yo no quería oír, puesto que la realidad del contacto, cuando estaba bien despierta, no planteaba ninguna duda para mí.

Me pasé el día con una alegría increíble, que desentonaba completamente con mi nueva situación…

En la misa dada el mismo día en memoria de mi esposo, varias personas señalaron la alegría que yo irradiaba y que, por supuesto, no concordaba con la imagen que se tiene de una joven viuda de apenas 15 días…

En cuanto a mí, me hubiera gustado poder gritar al mundo entero y escribir en todos los periódicos la buena noticia: ¡la muerte no existe, y la vida continúa en otra parte! Los que se han marchado nos aman y velan por nosotros tanto como pueden…

Me calmé con el paso de los días y escribí rápidamente este testimonio para que no se me olvidara nada. Los pocos amigos a los que hablé de esto, a menudo me replicaban que se trataba de un "síndrome del duelo". Pero algunos (esencialmente mujeres) me creyeron e incluso me hicieron confidencias que iban en el mismo sentido, de parientes que habían tenido este tipo de experiencias.

También tengo que añadir que, durante varios años, cada vez que hablaba de ello y lo contaba, derramaba mares de lágrimas, ¡completamente dominada por la emoción!

Ahora hace casi 27 años que tuvieron lugar estos acontecimientos, pero su recuerdo sigue igual de vivo en mi memoria y en mi corazón...»

(Marie-Josée M.).

Hablar de una vivencia subjetiva de contacto con un difunto a las personas del entorno significa arriesgarse a no ser creído, a tener que justificarse e incluso a ser considerado como confuso o depresivo. Como hemos visto, el miedo a hacer el ridículo también puede impedir que los receptores compartan su vivencia. La alegría puede transformarse con rapidez en desamparo si se busca una validación de la vivencia y si se pretende convencer a cualquier precio al interlocutor de la autenticidad de la experiencia. Como en el caso de otras experiencias transpersonales —por ejemplo, las experiencias de muerte inminente—, a menudo compartir estas vivencias sutiles, íntimas y tan importantes para las personas que las han vivido es muy problemático. En general, tras un intento o dos de compartir su experiencia, los receptores se abstienen de hablar de ello, como atestigua una de las personas citadas anteriormente.

«Estoy muy contenta de poder confiarles estas cosas, que no me atrevo a contar a nadie o a casi nadie.»

(Eliette S.)

Dos personas interrogadas por Peter y Elizabeth Fenwick también se toparon con la incomprensión, pero ellas supieron sacarle partido.

«A menos que se experimente personalmente, puedo comprender que la gente no sea capaz ni de creer en ella ni de comprender su significado. Todo lo que sé es que yo no tengo ninguna duda.»[41]

«No sé cómo explicar [la VSCD], quizá es mejor dejarla sin explicación y limitarse a ser feliz de que alguien que te ha querido mucho siga preocupándose por ti.»[42]

Para terminar, algunas palabras sensatas del profesor de sociología australiano Allan Kellehear: «Se puede atribuir un significado a cualquier acontecimiento. La línea entre la autoilusión y un significado personal es estrecha, por supuesto, pero nunca debes permitir que los demás decidan por ti sobre ello. Solo *tú* sabes quién te ama. Y algunas cartas de amor son, y siempre serán, un código secreto. Algunos mensajes solo están destinados a ti. Incluso en la muerte».[43]

Importancia concedida a las VSCD y consuelo sentido por los receptores

Las VSCD aportan consuelo, felicidad, ayuda y fuerza para proseguir el camino de la vida sin el ser querido. Se consideran como un acontecimiento importante y que deja huella.

En un aspecto más personal, los receptores tienen la sensación de continuar siendo amados, el ser querido parece velar por ellos desde otra dimensión y el amor parece sobrevivir a la muerte. Estos elementos constituyen una poderosa fuente de consuelo. Las consecuencias de las VSCD sobre el proceso de duelo los analizaremos más adelante. En otros casos, durante estos contactos, parecen resolverse algunos problemas de relación dolorosos o conflictivos que en el momento del fallecimiento se mantenían en suspenso.

---

41. Peter Fenwick y Elizabeth Fenwick, *The Art of Dying, op. cit.*, p. 77.

42. *Ibíd., loc. cit.*

43. Comunicación personal, 2009.

El mensaje esencial y homogéneo de las VSCD es claro: una cierta forma de conciencia y el amor sobreviven a la muerte del cuerpo. Los difuntos tranquilizan a sus familiares o amigos: se encuentran bien y están sosegados y felices en su nueva forma de existencia, de la que no revelan nada. Los invitan a continuar con su vida sin alargar demasiado un duelo que no tiene razón de ser, puesto que es segura una reunión futura. El impacto reconfortante de estos mensajes es evidente. La tristeza debida a la ausencia del ser querido persiste, por supuesto, pero el mensaje de esperanza es muy fuerte.

Christiane T.-H. nos hace partícipes del consuelo que la «visita» de su padre fallecido le aportó unos días después de su muerte.

«Mi padre vino a visitarme por la noche. Se sentó en mi cama y me miró con mucho amor y ternura mientras decía: *Christiane, no llores más, todo va bien. Todo va bien.*

A la mañana siguiente, me desperté con una alegría inmensa y el corazón ligero. Mi padre había venido a hacerme una visita y estaba bien. Por fin pude dejar de llorar, para gran alivio de mis hijos y mi marido, con los que compartí aquella visita extraordinaria.»

Tenemos el testimonio de Monique O., que describió, en el apartado «VSCD táctiles», la visita nocturna de su marido fallecido, que la había llenado de alegría pero también le había provocado un «choque».

«Siempre he estado *convencida* de la existencia de una vida después de la muerte. ¡Aunque por miedo estropeé la experiencia que se me ofrecía, aquello me reconfortó! Por otra parte, me siento muy protegida por la presencia de mi marido.»

Como hemos visto, el difunto parece iniciar el contacto para asistir a su familiar o amigo en el periodo doloroso del duelo. Solo se refiere a sí mismo para informar de que continúa existiendo y de que está bien, pero sin revelar nada acerca de su nueva condición. Sin embargo, hay excepciones, como la VSCD descrita por un hombre cuya esposa acababa de fallecer en el hospital.

«Un día de enero, hacia las 3 de la tarde, estaba sentado en un banco en mi habitación. De repente, vi que la puerta de la habitación se abría y mi mujer [fallecida] entraba por la puerta. Sonreía y caminaba directamente hacia mí, hacia donde estaba sentado. Como hipnotizado, la miré fijamente, incapaz de pronunciar palabra. Cuando estuvo cerca de mí, me tendió la mano y me dijo: *No tengas miedo, estoy viva.* Le tomé la mano y sentí que no estaba fría, la sensación táctil era normal. Después, me atreví a preguntar: "¿Dónde estabas? ¿Qué ha ocurrido?" Ella me respondió: *Poco después de morir en el hospital, me permitieron quedarme allí para cuidar a una mujer que estaba muy enferma. Desde entonces, he visitado numerosos lugares. Ahora, este periodo se ha acabado, me marcho. He venido a despedirme.*»[44]

Este testimonio es especialmente interesante y raro porque da información que implica una cierta evolución dinámica de la existencia de los difuntos.

Dominique Marie C. ha tenido varias VSCD, como la que se presenta en el apartado de «VSCD que se producen durante el sueño o en estado de somnolencia». Experimentó la necesidad de escribir un libro y de dar conferencias para compartir estas experiencias tan importantes para ella.

«Actualmente, siento que ha llegado el momento de aportar el testimonio de mi vivencia de experiencias extrasensoriales —tanto si se trata de las premoniciones como de las VSCD o los conocimientos intuitivos— mediante la escritura de un libro y de conferencias-testimonio, pues quizá esto propicie que algunas personas que no le encuentran sentido o son incapaces de aceptar la impermanencia de los seres a los que quieren, recuperen el vínculo con la vida, con la alegría de vivir, eliminando el velo de la culpabilidad y el miedo al olvido.»

---

44. Erlendur Haraldsson, *The Departed among the Living*, *op. cit.*, p. 113.

Convicción de que la persona fallecida continúa existiendo e implicación de ello para el sistema de creencias

Las personas en duelo han visto a su familiar o amigo fallecido, lo han oído, han sentido su presencia o su mano sobre el brazo; para ellos es cierto, está vivo. Dónde y cómo, no lo saben, por supuesto, el misterio permanece, pero la convicción es fuerte: no se ha disuelto en la nada, continúa su existencia..., en otra parte.

Acabamos de ver la importancia que para los receptores revisten las VSCD en cuanto al vínculo que parece perdurar con el familiar o amigo fallecido, que se siente como la continuación de una existencia en un lugar inconcebible. Se puede suponer que esta experiencia intensa tendrá un impacto sobre su sistema de creencias y la concepción de su propia muerte, y esto es efectivamente lo que ocurre. El hecho de que el ser querido fallecido pueda manifestarse y entrar en contacto con ellos puede, o bien consolidar una creencia preexistente en la supervivencia de la conciencia, o bien inspirarla. Aunque el grado del impacto de las vivencias subjetivas de contacto con un difunto sea individual y pueda variar, en particular en función del tipo de contacto experimentado, el elemento común y decisivo consiste en la confirmación subjetiva o el descubrimiento de que parece persistir un vínculo más allá de la muerte. La esperanza de un encuentro futuro subyace y puede ser un factor primordial en la fase de reconstrucción tras la pérdida del ser amado. Las vivencias subjetivas de contacto con un difunto a menudo son el punto de partida de una puesta en duda de las certezas anteriores de los receptores y pueden conducirlos a adoptar una nueva visión del mundo. Pueden experimentar una disminución del miedo a la muerte y algunos se vuelven más espirituales.

Los contactos *post mortem* ofrecen respuestas subjetivas a cuestionamientos fundamentales, como el sentido de la vida y la dificultad de la existencia humana, que está repleta de pérdidas y, finalmente, se enfrenta a la propia finitud. Las VSCD abren una nueva perspectiva de la condición humana.

Un fallecimiento, sobre todo si es accidental o si se produce a una edad muy temprana, puede ser considerado por los familiares y amigos como una cruel injusticia, una cuestión de mala suerte e incluso algo absurdo («Si no hubiera cogido el coche aquella mañana...»). Las VSCD pueden ayudar al receptor a superar ese sentimiento de injusticia o de absurdo mediante el vínculo que parece persistir más allá de la muerte. La tristeza es inmensa y lo seguirá siendo durante mucho tiempo, pero la partida del ser amado parece formar parte de un plan que supera al receptor y que no comprende, pero que parece dar *un sentido* al drama que sufre. El ser querido ya no está en este mundo, pero parece estar a su lado o al menos es capaz de manifestarse puntualmente, durante un contacto breve pero intenso. Gracias a esta experiencia, la persona en duelo se siente menos sola con su pena.

Disponemos del testimonio de Brigitte F., citado en el apartado de las VSCD de «sensación de una presencia».

«Mi experiencia no ha cambiado mi sistema de creencias, lo ha enriquecido. Estoy íntimamente convencida de que nuestra conciencia continúa existiendo después de la muerte. El paso de la vida a la muerte asusta porque es lo desconocido y la ruptura con nuestros familiares y amigos, pero quien parte todavía está unido durante un tiempo variable a ciertos seres humanos y debe vivir de otra manera, de forma diferente, en un mundo que no podemos comprender porque estamos limitados por nuestros cinco sentidos. Pienso que lo que falla en la mayoría de las personas es la capacidad de descubrir lo que, sin embargo, existe efectivamente; *no porque no lo veamos, no existe.*

A menudo, pruebo a decirles a mis allegados, para comparar, que podemos hablar por teléfono, a veces incluso cuando estamos unos en un extremo y otros en el otro extremo del mundo; en apariencia no existe nada visible y aun así nos comunicamos.

Finalmente, me gustaría decir que, en la vida cotidiana, presto una atención especial al mundo de los signos e intento dar sentido a lo que percibo. En ocasiones, pasan meses en los que estoy absorbida por mi vida cotidiana y, en otros momentos, estoy más "alerta".

No diría que ya no tenga miedo de la muerte, pero, en cualquier caso, me digo que hay otra cosa después, que no podemos ni imaginar ni describir porque estamos totalmente limitados por nuestras percepciones y nuestro grado de comprensión.»

El efecto de una VSCD perdura y se refuerza con el paso de los años.

«Confirmo que, pese al tiempo transcurrido desde la experiencia, cuyo recuerdo se ha difuminado un poco, mi apertura a la espiritualidad no ha hecho más que aumentar.»

(Suzanne F.)

Las VSCD desencadenan a menudo un proceso personal intenso de interrogación. Francine L., cuyos testimonios he citado en el apartado de «VSCD que se manifiestan por fenómenos físicos» y de «VSCD simbólicas», nos confía su recorrido.

«Estas experiencias, y algunas otras, enriquecen mi vida en todos estos aspectos. En primer lugar, me liberan de la opresión de mi educación católica severa, que mantenía el miedo a la muerte, al infierno y al juicio final. En cambio, estos breves contactos con personas fallecidas me tranquilizan; me hacen un "guiño" desde el más allá y eliminan así una pesada carga de tristeza que de otro modo arrastraría en mi corazón para nada. Ya no los veo, pero los presiento cerca de mí y sus pequeños signos me confirman su presencia. Un día, también yo pasaré con una mayor "esperanza" a esta dimensión diferente de la vida.»

Un contacto percibido como procedente de su padre fallecido unos días antes marcó a Suzanne F.

«Aquella experiencia me suscitó preguntas. Hablé de ella con algunas personas como de un acontecimiento extraño que quizá no era más que una alucinación, consciente de no poseer las palabras que me permitieran describir con precisión este estado.

Después, la sensación se atenuó, pero para mí fue el punto de partida de una apertura a la espiritualidad, con la idea de que tenía un camino que recorrer en esta vida, de que esta quizá tenía una orientación, un sentido, que hasta el momento no sospechaba.

Después, a menudo he sido consciente de estar como "protegida", de superar peligros que no hubiera podido evitar por mí misma, y de que lo bueno que me ocurre no solo se debe a la suerte o a mis méritos personales. También he descubierto que es bueno experimentar gratitud y dar las gracias (pero, ¿a quién?).»

Nathalie G. ha experimentado tres VSCD:

«… relacionadas con personas a las cuales estaba muy apegada y que eran muy importantes para mí. [...] ¿Qué me han enseñado estas experiencias? Quizá que la muerte no es exactamente lo que piensa la mayoría de la gente. Yo creo que algo sobrevive, que los difuntos se quedan un tiempo cerca de nosotros, pero que después no hay que intentar retenerlos, que también ellos tienen un camino que recorrer, muy lejos del planeta Tierra. ¡No tengo ningún miedo a la muerte, me digo con frecuencia que es aquí donde las cosas son difíciles!»

Dominique Marie C. ha experimentado varias VSCD, como una que se presenta en el apartado de «VSCD que se producen durante el sueño o en estado de somnolencia». Para ella, estas vivencias fueron la confirmación de una convicción preexistente.

«Cuando era joven, presentía que había una existencia impalpable que se manifestaba a nuestro alrededor, y para mí estas experiencias solo han sido la confirmación de la existencia del espíritu después de la muerte. Como no soy adepta a las creencias, que solo son construcciones mentales, las VSCD que he experimentado en

mi vida han desarrollado sobre todo mi conocimiento. Todas estas manifestaciones han sido y siguen siendo importantes en el
recorrido de mi vida, porque son un puente que se tiende hacia
una mayor libertad, donde los juegos emocionales ya no tienen
este impacto devastador al que nosotros, los seres "vivos", nos enfrentamos continuamente.»

El testimonio de Agnès Delevingne (INREES)

Agnès Delevingne, psicóloga clínica de formación y con muchos años
de experiencia como psicoterapeuta, hace treinta años que ejerce como
consultora en recursos humanos para las empresas. Paralelamente a su
profesión, está implicada desde su creación en las actividades del IN-
REES. Actualmente, dirige la red de los psicólogos, psicoanalistas y
médicos que responden a las preguntas de las personas que tienen experiencias fuera de lo común. El testimonio de Agnès Delevingne es va-
lioso porque su recorrido profesional y su compromiso con el INREES
la sitúan en una posición privilegiada desde la que analizar sus propias
experiencias. Como psicóloga clínica, dispone de las herramientas teó-
ricas y de la experiencia necesaria para distinguir las vivencias intrapsí-
quicas de otros tipos de experiencias. Su colaboración con el INREES
le ha dado la oportunidad de hablar con un gran número de personas
que han vivido diferentes tipos de «experiencias extraordinarias». Esta
experiencia resulta muy valiosa a la hora de analizar semejante tipo de
vivencia compleja. El hecho de haber experimentado varias VSCD con
familiares fallecidos le aporta una perspectiva personal de la experiencia
que ningún conocimiento teórico, por más profundo que sea, puede
proporcionar.

Agnès Delevingne perdió a su hermano hace diez años. A lo largo
del tiempo, ha vivido numerosos contactos, sincronicidades, guiños y
acontecimientos simbólicos que atribuye a su hermano.

«Una mano en la frente unos días después de su fallecimiento.
Estaba en la cama, como en una situación de duermevela, y tuve

mucho miedo cuando sentí aquella mano. Lancé una especie de grito interior: ¿Eres tú? Por la mañana, el miedo se había disipado para dar paso a la alegría de saber que él había podido establecer aquel contacto.

Oí con claridad una voz pronunciando mi nombre, pero este signo no tenía la fuerza de otros contactos, así que tengo dudas...

Encontré un espejo roto el día de mi cumpleaños, tres meses después de su partida. Aquel espejo estaba colocado en un estante en el armario del cuarto de baño. El mango y el marco de plástico del espejo estaban rotos y el cristal se rompió en siete pedazos. Todos los frascos de su alrededor estaban intactos. Para que el espejo se encontrara en aquel estado, la única explicación racional era que alguien había abierto la puerta del armario, había roto el objeto con un martillo y había vuelto a cerrar la puerta. Lo cual es absurdo, sobre todo teniendo en cuenta que vivía sola en aquel apartamento.

En una situación profesional, durante una sesión de formación que estaba dirigiendo, una pantalla eléctrica descendió sin que hubiera accionado el botón correspondiente. Era el día de su cumpleaños y, por supuesto, tenía en mente el deseo de que me mandara una señal.»

Hace tres años, la desgracia la golpeó por segunda vez, cuando el compañero de Agnès falleció. Una vez más, experimentó varias VSCD; entre ellas, las siguientes, que fueron las que más huella le dejaron.

«Me desperté sobresaltada por un ruido a las 4 de la madrugada, la víspera del día de su muerte: el cristal de un cuadro se había caído, así como la foto, pero las cuatro sujeciones se habían quedado en su lugar, solo quedaba el fondo negro, colgado de la pared. El cristal, intacto, había aterrizado sobre un libro titulado *Ne cours pas après la connaissance, la connaissance est juste là où tu es* [No corras hacia el conocimiento, el conocimiento está justo donde tú estás].

Unos minutos después de decidir encargar por Internet un corazón de rosas para el funeral, al lavar en un programa del lavavajillas un vaso con rosas incrustadas, desaparecieron todas las rosas. Eso me hizo pensar que aquello no le gustaría, porque no era en absoluto romántico.

Tengo un reloj de péndulo regalado por una amiga la víspera del funeral que sigue bloqueado en la hora en la que yo tenía la costumbre de ir a visitarlo al hospital. A pesar de numerosas pruebas con pilas diferentes, nunca ha funcionado.»

Años después.

«Tuve un sueño de visita, completamente diferente de un sueño clásico, la madrugada del día en que cumplí 60 años, en el que estaban presentes los dos, mi compañero y mi hermano. Cuando sueño con mi hermano, lo cual me ocurre a veces, sé que solo he soñado con mi hermano. Lo que ocurrió aquella mañana era de otra tonalidad y me desperté con la convicción de que habían venido ambos. Unos segundos más tarde, recordé que era el día de mi cumpleaños. Experimenté aquello como un regalo muy bonito.»

Las VSCD se produjeron en momentos altamente significativos. En cuanto a su hermano: el día de su cumpleaños y el día del aniversario de su desaparición. En cuanto a su compañero: la víspera y los días siguientes a su fallecimiento y casi a diario durante los ocho días siguientes. Hace tres años que Agnès no percibe manifestaciones. Sin embargo, los días del aniversario de la partida de su hermano, de la que hace ya once años, Agnès ha experimentado acontecimientos que ella califica de *sincronicidades*, «un poco como un guiño, sin que esto entre en la categoría de las VSCD».

¿Estaba decepcionada, incluso triste, cuando se dio cuenta de que los contactos con su hermano y su compañero se habían detenido? ¿Lo vivió como una segunda ruptura del vínculo con ellos?

«No —responde—, nunca he sentido una ruptura del vínculo. Las manifestaciones fueron un regalo tan grande que me quedó una sensación de gratitud. Sé que no todo el mundo recibe estos signos; por razones que no es posible explicar, yo he tenido esta suerte.»

¿Tiene la esperanza y el deseo de experimentar otras VSCD con estos dos familiares fallecidos o considera que ha recibido todo el consuelo y la asistencia necesarios?

«Por supuesto que me gustaría vivir otras, pero ya no siento la necesidad imperiosa. Mi búsqueda de "pruebas" de la vida después de la muerte se ha transformado en una búsqueda más espiritual y mi visión de la existencia se ha transformado. Por otra parte, mi papel en el seno del INREES hace que lea o escuche casi a diario testimonios de experiencias extraordinarias. Por lo tanto, en cierta manera, estoy impregnada de todo esto, como si tuviera una especie de "recordatorio" permanente de que la muerte no es más que un paso, una transición hacia otro plano.»

Quise saber si Agnès se había convencido de manera inmediata de la realidad de estas experiencias o si en algún momento había dudado de sus propias percepciones.

«Dudo continuamente —me contestó—, y estoy siempre muy alerta en lo referente a mantener mis facultades de discernimiento. Solo que, tanto la noche del espejo roto como la del cristal del cuadro, las razones físicas de la rotura y de la caída son objetivamente imposibles de explicar. Hace ahora once años que presto muchísima atención a estos fenómenos, y he llegado a un punto en que, a pesar de que no tengo ninguna certeza (nunca la tendré), simplemente, casi ya no tengo dudas.»

Como cualquier persona en duelo, sin duda Agnès pensaba mucho en su hermano y en su compañero. Le pregunté cuál era la diferencia entre pensar en ellos, lo cual crea inevitablemente una sensación de vínculo, y las VSCD que había experimentado. ¿Cómo estar segura de que se trataba de manifestaciones procedentes de los difuntos, es decir, «del exterior», y no de una vivencia interior?

«El diálogo interno con un ser querido desaparecido es continuo. Nuestro psiquismo está invadido por su imagen. Este flujo de pensamientos solo se interrumpe cuando uno se encuentra absorto en una acción cualquiera. Este diálogo interior desencadena un desamparo profundo. En algunos momentos, el dolor es tan agudo que llega a ser angustiante. El dolor te ahoga. En otros momentos, la desesperación te deja abatida. Entonces, puedes tener la sensación de que el familiar desaparecido te habla o te responde.

En cambio, las VSCD son de una naturaleza muy diferente. Se producen en un momento en que no estás pensando en absoluto en el difunto, en un momento en que estás ocupada en otra cosa. A veces, cuando se producen poco tiempo después de haber pensado en él, puedes interpretarlas como una respuesta; cuando decidí vaciar el lavavajillas cinco minutos después de haber mirado en Internet los ramos de flores para el funeral, las rosas borradas fueron como una respuesta, extraordinaria por su pertinencia, una indicación de que debía elegir otra cosa diferente de un corazón de rosas. Es cierto, cuando encontré el espejo roto, era un día especial en el que había pedido interiormente a mi hermano que me diera una señal. Pero cuando esa noche abrí el armario del cuarto de baño, no pensaba en él en absoluto. En este caso, se habla de "VSCD simbólicas", porque adquieren sentido en un momento especial. No habría prestado atención al hecho de que una pantalla eléctrica descendiera sin razón en una de mis presentaciones profesionales si aquello no se hubiera producido el día del cumpleaños de mi hermano.»

Sin duda, otras personas considerarían el caso del vaso, por ejemplo, cuyas rosas se borraron en un momento significativo, como una simple coincidencia.

«Estoy de acuerdo con usted, esta experiencia solo es significativa para mí, como un guiño o un regalo personal e íntimo. No obstante, es una coincidencia totalmente extraordinaria, porque aquel vaso ya había pasado por el lavavajillas centenares de veces. El dibujo de las rosas no estaba solo atenuado, sino borrado por completo. He continuado lavando los otros vasos de la misma colección en el lavavajillas desde hace ahora diez años y siguen estando intactos.

Lo típico de las VSCD es el estupor que se siente. Como una evidencia que se recibe de lleno, en un momento en el que no se espera. Entre todos los testimonios que he podido oír en el marco del INREES, esta característica es la más fuerte. Por supuesto, algunos han recibido señales después de haberlas solicitado y muchos otros han suplicado recibirlas y no las han recibido (todavía). Todo esto es muy misterioso y escapa a nuestra comprensión. La única cosa que permite un cambio y una reorientación de su punto de vista y, por ello, de su vida, es la experiencia directa. Se puede establecer un paralelismo con otras experiencias extraordinarias. Los que han vivido una experiencia de muerte inminente, por ejemplo, regresan con una convicción irrevocable de que la muerte no es más que un paso hacia otra forma de existencia. Una VSCD es una experiencia directa, personal, que se impone como una evidencia: "Por supuesto, es él", "No puede ser más que ella". Estas experiencias son potentes y marcan a las personas de manera profunda y duradera. Desde la creación del INREES, hace nueve años, leo regularmente testimonios que describen vivencias subjetivas de contacto con un difunto y también organizo grupos de intercambio sobre estas experiencias. Aunque es esencial mantenerse alerta en cuanto al hecho de que todo es interpretable, algunos signos trastornan de tal manera que es imposible reducirlos a simples creaciones de la imaginación. De la misma manera que, en el seno de la red de profesionales de salud del INREES, nuestra formación clínica nos permite diferenciar una manifestación patológica de una experiencia extraordinaria, actualmente pienso que estoy en condiciones de reconocer una verdadera VSCD. Lo que me interesa como psicóloga es el efecto beneficioso que tienen estas vivencias en las personas en duelo. Estoy en una buena situación para hablar de ello, pues he podido beneficiarme yo misma.»

Compartir una VSCD con el entorno es problemático. El miedo al ridículo, el miedo a no ser creído, el miedo a pasar por una persona un poco confusa o inestable pueden impedir a los receptores compartir su vivencia. Las reacciones de incredulidad, incluso de escepticismo, por parte de sus familiares o amigos entristecen a estas personas ya frágiles debido al duelo y las hacen dudar de sus propias percepciones. Le pregunté a Agnès si había tenido este tipo de experiencias y si los comentarios de unos y otros la habían hecho dudar en algunos momentos.

«Cuando tuve la oportunidad de hablar con personas muy impregnadas del pensamiento materialista, convencidas de que después de la muerte no hay nada, solía sentirme triste por ellas, sobre todo cuando se trataba de miembros de mi familia que experimentaban el mismo sufrimiento que yo. Me daba mucha pena que tuvieran esta imposibilidad de aceptar al menos un "quizá". Sin embargo, siempre he considerado que debía compartir mis vivencias, sin intentar convencer a nadie y dejando la libertad a mi interlocutor de guardarlas en un rincón de su mente para quizá algún día volver a examinarlas. No sirve de nada pretender que el otro cambie de punto de vista, sobre todo en un campo tan sensible. Por esta razón, la palabra "compartir" me parece más apropiada. A mi modo de ver no hablar de ello es una lástima, porque estas experiencias pueden ser extraordinariamente reconfortantes para quien las oye por primera vez. Si te anima esta simple intención, hablar de ello para ayudar, no corres el riesgo de que te hieran las reacciones escépticas.»

En cierto momento, Agnès había consultado a algunos médiums para establecer contactos con su hermano y su compañero desaparecidos. Comenta la diferencia entre los dos tipos de contacto.

«El impacto de las VSCD fue más fuerte y significativo que los contactos por medio de los médiums que consulté en los meses que siguieron a los dos fallecimientos. Una sesión con un médium, tanto si se trata de una sesión pública como de una consulta privada, generalmente es más larga y detallada que una VSCD. La fuerza emocional de la VSCD está relacionada con el hecho de que se produce por sorpresa, cuando no se la espera. La VSCD es rápida, crea un efecto de sideración, como si no se pudiera creer, y después de alegría, porque el contacto es directo. Afecta directamente al corazón. No existe ni elaboración emocional ni análisis del fenómeno. Se recibe como una evidencia. Más adelante es cuando puede instalarse la duda, porque en nuestra cultura estamos más bien programados para dudar. Sin embargo, siempre he sentido que las VSCD son más elocuentes y reconfortantes que las palabras de un médium, aunque los encuentros con los médiums también fueron muy beneficiosos para mí.»

Las VSCD adquieren todo su significado debido al consuelo que aportan a las personas en duelo. ¿Ayudaron a Agnès a superar el dolor por la pérdida de estos dos seres queridos?

«Solo nos han precedido por un breve tiempo. Saber que me reuniré de nuevo con ellos, así como con mi padre, que falleció hace cuatro años, y mi madre, fallecida hace poco, cambia mi vida. Antes de la muerte de mi hermano, pensaba que me moriría de dolor si desapareciera. Unos años más tarde, cuando perdí a mi compañero, constaté que se había instalado en mí una especie de evidencia de que se había limitado a cambiar de plano. Esto gracias a todo lo que había vivido después de la desaparición de mi hermano (imbricación de mis investigaciones, de mis experiencias espirituales, de los encuentros con médiums y de las VSCD).»

El trabajo de duelo es un proceso. Le pregunté a Agnès si las VSCD que había experimentado desempeñaron algún papel en su desarrollo.

«Sí, por supuesto. El proceso de duelo nos hace pasar por diferentes fases: la negación, la cólera, la culpabilidad o la necesidad de buscar a un tercero responsable, el desamparo, la depresión, un sufrimiento infinito, para llegar finalmente a la aceptación. Estas fases se han descrito en la temporalidad, pero también se puede pasar de un estado a otro en unas horas. Para mí, "aceptar" es diferente de una expresión que nunca me ha gustado: "hacer el duelo". Prefiero hablar de la aceptación de la realidad. Sabemos bien que el sufrimiento procede del rechazo de la nueva situación, debido a que la vida que hemos vivido y amado no volverá nunca más. Nos rebelamos contra lo que ha ocurrido, "esto no tendría que haber pasado…". Las disciplinas espirituales nos enseñan a aceptar "lo que es". Se trata de algo de una naturaleza diferente de la resignación. Tras la desaparición de mi hermano, cuando un amigo me preguntaba "¿Estás bien?, la vida es bella, ¿eres feliz?", esta pregunta me parecía absolutamente descabellada y en mi interior respondía: *"Nunca volveré a ser feliz porque he perdido a mi hermano"*. Estaba absolutamente convencida de esto. Años más tarde, viví momentos de gran felicidad. Aunque las razones de estos momentos de felicidad recuperada sin duda se deben al hecho de que "la vida es así, es la más fuerte", tengo la convicción de que la profunda transformación que se operó en mí, casi insidiosamente, gracias a las VSCD, me conduce a ser más consciente en la actualidad de que voy a morir, lo cual, paradójicamente, me permite aprovechar más el instante presente. A veces, tengo un diálogo interior con mi hermano, mi compañero, mi padre o mi madre, de manera muy natural, como una evidencia. Ellos continúan viviendo en otro plano, estoy íntimamente convencida de ello. Por esta razón, ya no necesito leer sobre este tema, ya no necesito ver a médiums y ya no necesito signos. Cuando recibo un guiño, cuando se producen sincronicidades, evidentemente estoy muy contenta, pero esto ya no me resulta necesario.»

Sin VSCD, ¿el proceso de duelo habría sido más largo y su resolución habría sido más laboriosa? ¿Qué piensa Agnès de esto?

«Cuando nuestras creencias nos conducen a pensar que nunca volveremos a ver a las personas que tanto amamos, que han desaparecido definitivamente, solo podemos sentirnos abrumados por el dolor. Sin embargo, me parece esencial tomar conciencia de que nuestros esquemas de pensamiento son condicionamientos que nuestra inteligencia nos permite reexaminar. No olvidemos que las creencias llamadas "cartesianas" en nuestra cultura solo tienen unos cientos de años de existencia en Occidente, y que la probabilidad de que solo la nada nos espere después de la muerte no es más que una hipótesis y no un hecho demostrado científicamente.

Hablando específicamente de la tristeza debida al duelo, ¿se atenuó con las VSCD? Por supuesto, hay que añadir que la tristeza del duelo nunca termina por completo, sino que se transforma y se vuelve soportable si el proceso de duelo ha podido llevarse a cabo en buenas condiciones. La tristeza se transforma cuando se acepta la realidad: no volveremos a ver en esta vida al ser al que amamos más que a nada. Experimenté el sufrimiento como un proceso alquímico. La desaparición de mi hermano, que me destrozó, tuvo como consecuencia que después mi vida se volviera más feliz, porque aprendí a vivir en el presente. Al principio, el proceso era el siguiente: constataba que mi sufrimiento se había atenuado y pensaba *"acabo de conseguir cierto respiro, celebrémoslo"*. Y hacía lo posible por aprovechar plenamente el instante presente. No obstante, mi obsesión era "encontrar pruebas" de la vida después de la muerte. Todo lo que leía y escuchaba era beneficioso, pero insuficiente porque no lo había experimentado directamente. El día en que sentí aquella mano sobre la frente (para mí, era evidente que no era una creación de mi mente), el día en que se me concedió una manifestación espectacular (el espejo roto), mis dudas se redujeron hasta volverse casi inexistentes. No experimenté una transformación espectacular como otras personas. Ocurrió lentamente, casi sin que tuviera conciencia de ello. Años más tarde, cuando volví a vivir el mismo traumatismo, el dolor era idéntico y, no obstante, se asociaba a una especie de tranquila evidencia: la persona a la que amo sigue aquí, solo que yo no tengo acceso a este mundo.»

Por el hecho de haber vivido estas diferentes experiencias, ¿considera Agnès que las VSCD son una «prueba» de que existe una vida después de la muerte?

«Las VSCD, así como otras experiencias extraordinarias, por ejemplo, las experiencias de muerte inminente, permiten reforzar la convicción de la supervivencia de la conciencia. Las investigaciones en este campo se intensifican, cada vez hay más científicos que publican trabajos dedicados a este tema. Los progresos de la medicina que permiten devolver a la vida a las personas que han estado en situación de muerte clínica contribuyen a multiplicar los testimonios. El conjunto de estas experiencias extraordinarias o espirituales va en el sentido de la supervivencia de la conciencia. Personalmente, yo no hablaría de "pruebas", en el estado actual de nuestros conocimientos. Sin embargo, el pensamiento materialista que afirma de manera tajante que no existe nada después de la muerte no se basa en ninguna prueba y debe su origen a las teorías occidentales del siglo XVII.»

Para terminar esta larga conversación, le hice una última pregunta a Agnès: si nuestros familiares o amigos sobreviven a la muerte física, esto significaría que todos nosotros vamos a experimentar una existencia más allá de nuestra condición encarnada. ¿Es este elemento entre todos el que da su fuerza a las VSCD, puesto que afecta a la esencia misma de nuestra condición humana?

«Desde hace muchos años, estoy impregnada de esta frase de Teilhard de Chardin: "No somos seres humanos que viven una experiencia espiritual, somos seres espirituales que viven una experiencia humana". Si consideramos nuestra vida en la tierra desde esta perspectiva, los acontecimientos adquieren sentido, las pruebas se convierten en lecciones que nos hacen crecer y las dificultades se transforman en oportunidades. Hoy creo que la muerte del cuerpo físico no es más que un paso, una transición. Simplemente, abandonamos un envoltorio temporal que nuestra alma había elegido para una experiencia puntual, después de haber elegido otras en el pasado y antes de elegir otras en el futuro. Considero cada vez más mi vida como una experiencia que tiene mi alma. Un poco como elegir un papel y un guion a la manera de un actor que interpreta una obra de teatro. El problema es que nos hemos olvidado de esto, lo cual puede conducirnos a una total incomprensión de lo que vivimos, como un absurdo, un sinsentido. Constatar que el pensamiento materialista no es más que una creencia y volver a las enseñanzas de los pueblos llamados "primitivos" y, sin embargo, mucho más evolucionados espiritualmente, hace que los acontecimientos se interpreten de manera diferente.

Solo la experiencia directa puede reforzarnos en esta intuición. No puede ser un saber libresco, teórico. Las VSCD son, para muchos de nosotros, los occidentales, el único medio de hacernos dudar de nuestro condicionamiento materialista que pretende saberlo todo y explicarlo todo. Mi enfoque de la vida se ha modificado, vivo las pruebas con un poco más de desapego, a veces con minúsculos destellos intuitivos de que soy (de que todos somos) mucho más que un cuerpo físico. También he cambiado la manera de vivir: ya no estoy permanentemente en acción, sino que paso largas jornadas contemplativas en comunión con la naturaleza y toco el piano, mi propia manera de meditar.»

4

Las visiones en el momento de la muerte: una VSCD particular

«Mi madre padecía un cáncer, y mi hermana y yo nos ocupába-
mos de ella en casa. Dos días antes de su fallecimiento, estaba
hablando de manera totalmente normal con nosotras cuando, de
repente, miró la pared situada a los pies de la cama y dijo: "Salu-
dad a vuestro padre, chicas, nos está haciendo una señal con la
mano a modo de despedida" (mi padre había fallecido seis semanas antes). Como mi hermana y yo ya habíamos oído hablar de
este tipo de observaciones, hicimos una señal con la mano a nuestro padre, aunque no pudiéramos verlo, y le dijimos "Adiós, papá".
Ella no dijo nada más y después entró en coma; al cabo de un
tiempo murió.»[45]

(Teresa Whichello)

¿Qué tipo de experiencia es esta? ¿Qué fue lo que vio esta mujer tan
poco tiempo antes de morir? Es probable que tuviera una «visión en el
momento de la muerte».

Las visiones en el momento de la muerte constituyen una categoría
de VSCD particular, puesto que las personas perciben a familiares o
amigos fallecidos poco antes de su propia muerte y se comunican telepáticamente con ellos, mientras que las VSCD visuales que he presen-

---

45. Peter Fenwick y Elizabeth Fenwick, *El arte de morir, op. cit.*, p. 31.

tado afectan a personas sanas que perciben a los seres queridos fallecidos. El objetivo de estos dos tipos de VSCD no es el mismo: las VSCD
de las personas sanas parecen servir para reconfortarlas, para ayudarlas a
aceptar la muerte del ser querido y gestionar mejor el duelo, mientras
que las VSCD visuales de las personas que han llegado al final de la vida
las liberan del miedo a la muerte y las ayudan a aceptar la inminencia de
la muerte; y la función de los familiares o amigos fallecidos que perciben
parece ser acompañarlas al «otro mundo».

En los capítulos anteriores, he presentado la tipología y las consecuencias de las VSCD de las personas sanas; ahora examinaremos las
visiones de los moribundos.

Utilizaré la expresión «visiones en el momento de la muerte», en
lugar de VSCD visuales, puesto que el fenómeno se conoce con esta
denominación.

Las visiones en el momento de la muerte:
– Ponen en escena a un familiar o amigo fallecido, cuya misión
  parece consistir en conducir a la persona que llega al final de
  la vida hacia el mundo espiritual;
– Los moribundos las perciben enseguida como reales;
– Provocan un consuelo instantáneo;
– Liberan de inmediato a los moribundos del miedo a morir;
– Aportan serenidad y aceptación de la muerte próxima.

De la misma manera que en las VSCD de las personas sanas, en
estas visiones aparecen *cónyuges/parejas*, *parientes o amigos* significativos
para los moribundos, a los que los unían vínculos emocionales intensos
durante la vida. La aparición puede percibirse como rodeada de un halo
de luz.

Ocasionalmente, solo se percibe una luz —una luz de conocimiento—, como relata Pauline, que describe la experiencia de su madre la
víspera de su fallecimiento.

«De repente, levantó los ojos hacia la ventana y parecía mirarla
fijamente… Se volvió de pronto hacia mí y me dijo: "Te lo ruego,
Pauline, no tengas nunca miedo de morir. He visto una luz mag-

nífica y me estaba acercando a ella…, era tan apacible que he tenido que esforzarme mucho para volver". Al día siguiente, cuando llegó la hora de regresar a casa, le dije: "Adiós, mamá, nos vemos mañana". Me miró a los ojos y respondió: "No estoy preocupada por mañana y no quiero que tú lo estés, prométemelo". Por desgracia, falleció al día siguiente por la mañana…, pero yo sabía que la víspera había visto alguna cosa que la había reconfortado y la había puesto en paz, en el momento en que supo que solo le quedaban unas horas de vida.»[46]

A veces el objeto de las visiones representa a una *entidad religiosa o mística*, adaptada a la pertenencia religiosa del moribundo.

Más raramente, se describen visiones *de entornos paradisíacos*, descritos como paisajes terrestres sublimados, adornados con una vegetación exuberante de colores desconocidos, embellecidos por riachuelos que serpentean por un prado con su sonido gorgoteante…, todo ello bañado por una luz de una claridad y de un esplendor indescriptibles. La naturaleza simbólica de estas visiones, calcadas del mundo real, se desprende del hecho de que, a veces, se adaptan a una preferencia del moribundo; por ejemplo, un alpinista apasionado describirá la visión de una región montañosa de una belleza indescriptible.

Quienes se acercan al final de la vida siempre perciben a familiares o amigos *fallecidos*, nunca a personas vivas. Esto parece evidente. A primera vista, se podría esperar que quien está a punto de morir viera a su pareja, a su madre o a su mejor amigo fallecidos, pero estas visiones no parecen corresponder simplemente a un deseo del moribundo, pues, en algunos casos, ven a un familiar o amigo *cuyo fallecimiento se les había ocultado* para evitarles emociones adicionales.

Un testimonio muy completo, publicado en 1926, ilustra este tipo de experiencia.

La señora B., que padecía una insuficiencia cardiaca grave, estaba a punto de dar a luz en un hospital de Clapton, Inglaterra. El niño pudo nacer sano y salvo, pero la madre estaba a punto de morir. Observó una

---

46. Peter Fenwick y Elizabeth Fenwick, *El arte de morir, op. cit.*, p. 6.

parte de la sala del hospital que estaba fuertemente iluminada y dijo, dirigiéndose a la cirujana obstétrica (la narradora):

«"Oh, no deje que todo se quede en la oscuridad, esto se vuelve demasiado oscuro..., cada vez más oscuro." Fueron a buscar a su marido y a su madre. De repente, miró fijamente con atención un punto de la sala y una sonrisa radiante le iluminó la cara.

—Oh, es magnífico, magnífico —dijo.

—¿Qué es magnífico? —le pregunté.

—Lo que veo —respondió en voz baja con intensidad.

—¿Qué ve?

—Una luz magnífica y unos seres maravillosos.

Me resulta difícil describir la sensación de realidad que comunicaba su intensa absorción en la visión.

Después, durante un instante, pareció centrar la atención más intensamente en un punto concreto y exclamó, casi con un grito de alegría: "¡Vaya, es papá! Está tan contento de que vaya, es tan feliz. Todo sería perfecto si W. [su marido] también pudiera estar". Le acercaron a su bebé. Ella lo miró con interés y dijo: "¿Pensáis que debería quedarme por el bien del bebé?" Volviéndose de nuevo hacia la visión, dijo: "No puedo, no me puedo quedar. Si pudierais ver lo que yo veo, comprenderíais que no me puedo quedar". Se volvió hacia su marido, que acababa de entrar en la sala, y dijo: "No permitirás que el bebé se confíe a alguien que no lo ame, ¿verdad?". Después, lo apartó con suavidad y dijo: "Déjame ver esta luz magnífica" [...].»

La jefa de enfermeras, que había ocupado el lugar de la cirujana obstétrica al lado de la moribunda, completó el relato.

«Tomé el relevo poco antes del fallecimiento de la señora B., a la que acompañaban su marido y su madre. Su marido estaba inclinado sobre ella mientras le hablaba, cuando ella lo empujó a un lado diciendo: "No lo ocultes, es tan bello". Dándole la espalda, se dirigió a mí, que me encontraba al otro lado de la cama, y exclamó: "¡Oh, vaya, Vida está allí!", refiriéndose a su hermana, cuyo fallecimiento se había producido tres semanas antes pero se le había ocultado.

Más tarde, su madre, que estaba presente en el episodio, me dijo, como ya se ha mencionado, que Vida era el nombre de su hermana difunta. La señora B. no había sido informada de la enfermedad y el fallecimiento de Vida. Esta noticia se le había ocultado escrupulosamente debido a la gravedad de su estado de salud.»[47]

Durante las visiones, quienes han llegado al final de la vida parecen beneficiarse de una «doble visión». Parecen tener acceso *al mismo tiempo* a la realidad física y a una dimensión espiritual que ven *en paralelo*, y consideran tan real la una como la otra. Saben que las personas presentes en la habitación no pueden ni ver ni oír a las apariciones, lo cual implica que se encuentran en un estado de conciencia diferente del de las personas sanas. Saben de forma precisa a quién se dirigen y mantienen conversaciones paralelas, a la vez que describen los propósitos de las apariciones a las personas presentes.

Estas visiones suelen ser breves, duran apenas unos segundos, como máximo unos minutos. Se advierte un paralelismo con las VSCD de las personas sanas, que también son de duración muy corta.

Las apariciones se perciben a menudo en los minutos o las horas que preceden al fallecimiento. Frecuentemente, su mención —o descripción— constituye las últimas palabras del moribundo («¡Ella ha venido! ¡Está aquí! Ha venido a buscarme…»).

No obstante, a veces las apariciones son recurrentes y acompañan a la persona que ha llegado al final de la vida a lo largo de todo el proceso de morir, durante las horas o días que preceden a la muerte.

Las enfermeras Callanan y Kelley ilustran este propósito cuando describen una conversación con una mujer en fase terminal que comentaba la aparición de seres queridos fallecidos.

---

47. William Barrett, *Visiones en el momento de la muerte*, Alcántara, 1999. Edición original: *Deathbed Visions: How the Dead Talk to the Dying*, Londres, Methuen, 1926.

«¿Están aquí ahora?
—No, se han marchado hace un momentito, no se quedan
todo el tiempo, llegan y se marchan.»[48]

El neuropsiquiatra Peter Fenwick, profesor británico de fama internacional, docente en el King's College de Londres y en el Riken Neu-
rosciences Institute de Japón, se ha especializado en las experiencias de
muerte inminente y las visiones en el momento de la muerte.[49] En el
libro *El arte de morir,*[50] escrito en colaboración con su esposa Elizabeth,
presenta numerosos casos de visiones en el momento de la muerte y
analiza también las observaciones y las vivencias del personal sanitario.

El testimonio citado por Peter y Elizabeth Fenwick describe la experiencia de los últimos días de una mujer de 90 años, relatada por la hija
de la moribunda. La actividad cardiaca y el nivel de oxígeno de la paciente estuvieron monitorizados durante todo el proceso de la muerte.

«Durante aproximadamente la hora que [su nieto] estuvo con ella,
mencionaba ocasionalmente que era consciente de que había personas que velaban por ella y de que se encontraban en el jardín
que rodeaba el hospital. No podía describirlas porque se hallaban
tras los arbustos, pero sabía que estaban allí para ayudarla en caso
de que "su cabeza cayera hacia delante". Le decía a mi hijo que
también veía a "papá" en la habitación del hospital (así es como
tenía la costumbre de llamar a mi padre) y que esto no la moles-
taba en absoluto. Mi hijo miraba la pantalla de control y no veía
ninguna fluctuación de los valores fisiológicos monitorizados. La
enferma continuaba hablándole de manera totalmente normal.

---

48. Maggie Callanan y Patricia Kelley, *Atenciones finales. Una obra para comprender las necesidades de los moribundos y comunicarse adecuadamente con ellos, op. cit.,* p. 88.

49. El profesor Peter Fenwick es el presidente de la Horizon Research Foundation, una organización que estimula la investigación en el ámbito de las experiencias en el umbral de la
muerte *(end of life experiences).* También es el presidente de la rama británica de la International Association for Near Death Studies (Asociación Internacional para el Estudio de los
Estados Próximos a la Muerte, o IANDS).

50. Peter Fenwick y Elizabeth Fenwick, *El arte de morir, op. cit.*

Cuando poco después llegó mi hija, también pasó un buen rato con su abuela. Los signos vitales de la paciente se mantenían estables y, cuando mencionaba y veía a "aquellas personas", los niveles cardiaco y de oxígeno no variaban en absoluto. En este momento, "las personas" se encontraban en su habitación, cerca de la parte interior de las ventanas. Ella estaba muy tranquila y explicaba que sabía que mi hija no podía verlas, pero que comprendería "cuando le llegara la hora". Saludaba tranquilamente con la mano a "aquellas personas", les hablaba y les presentaba a mi hija, como si estuvieran hablando con ella. Después, continuaba la conversación, que giraba en torno a Navidad y otros aspectos de la vida cotidiana. Una hora más tarde, me reuní con mi hija en el hospital y nos sentamos a la cabecera de mi madre para charlar con ella. Me hablaba de mi vida, recordaba con precisión numerosas situaciones y acontecimientos del pasado. Me hablaba de mi futuro, a menudo intercalando alusiones a "aquellas personas" que se encontraban ahora a los pies de la cama. Me informó de que ya no estaría allí al día siguiente, puesto que "aquellas personas" la "levantarían cuando cayera y se la llevarían de viaje". Estábamos un poco asustadas por aquellas palabras, pero ella estaba perfectamente a gusto […].

Hacia las 17:00 de la tarde, "aquellas personas" estaban sentadas en su cama, al lado de su nieta, y la paciente mantenía una conversación a tres bandas. Después, se despidió de su nieta diciéndole que fuera a divertirse, puesto que era Nochebuena. Mi hija se marchó de la habitación del hospital, pero en realidad me esperaba en el coche.

Llegué alrededor de cuarenta y cinco minutos más tarde y fuimos juntas a la habitación del hospital. Las cortinas que rodeaban la cama estaban corridas. Consultamos la pantalla de control, que indicaba una tensión arterial realmente muy elevada y un nivel de oxígeno de alrededor del 80%. Fuimos a ver a las enfermeras, que nos informaron de que nos estaban llamando por teléfono porque el estado de mi madre se había deteriorado mucho, probablemente a causa de un infarto, y que estaban esperando la llegada del médico. Regresamos a la cabecera de mi madre y una enfermera le tomó la mano con objeto de despertarla. Abrió los ojos —pero no parecía vernos— y dijo: "Mi vida ha sido maravillosa", y cerró los ojos. […] Se apagó apaciblemente a las 21:55 h de la noche de Nochebuena.»[51]

Este testimonio es interesante en diversos aspectos: da una descripción poco corriente del desplazamiento espacial de las apariciones percibidas por la paciente y de la manera en que vio a «estas personas» acercarse a ella en varias etapas, hasta que finalmente se la llevaron; no se produjo ninguna modificación de la actividad cardiaca ni del nivel de oxígeno durante estas visiones; se comunicaba de manera completamente normal con su familia a la vez que mantenía una conversación con sus visitantes invisibles; era claramente consciente de la presencia simultánea de dos realidades, capaz de establecer la distinción entre una y otra e informada del hecho de que las personas sanas no tienen acceso a la dimensión espiritual; en apariencia, recibió información sobre el momento del fallecimiento («Me informó de que ya no estaría allí al día siguiente»). Sin embargo, lo más importante —la vivencia interior de la paciente— no se desprende de este testimonio.

Varias entidades estaban presentes en este relato. No es inhabitual. Pueden percibirse varios familiares o amigos fallecidos de forma simultánea o sucesivamente. En algunos casos a todo punto excepcionales y extraordinariamente convincentes, otras personas presentes en la habitación podían también percibir la aparición.

Cuando el proceso de morir está ya muy avanzado, algunos enfermos pierden la capacidad de hablar y deben recurrir a otras formas de comunicación. Su comportamiento y sus gestos pueden dar a entender que han tenido una visión, aunque no puedan compartirla. Algunos extienden los brazos hacia alguna cosa o hacia alguien, o sonríen a un interlocutor invisible; otros hacen una señal con la mano o asienten con la cabeza en señal de aprobación a palabras inaudibles para quienes la acompañan. Otros se incorporan en la cama por primera vez en sema-

---

51. Peter Fenwick y Elizabeth Fenwick, *El arte de morir, op. cit.*, pp. 24-25.

nas, con una fuerza recuperada, o incluso se levantan para dar algunos pasos al encuentro de alguien o de algo antes de desplomarse y expirar. Como en el testimonio citado anteriormente y según los testimonios del personal sanitario, así como de los familiares y amigos que estaban presentes en el momento de la visión, estas apariciones serían perceptibles *en el espacio físico*, puesto que los moribundos las siguen con los ojos, les tienden la mano cuando se acercan o las detectan en un lugar específico de la habitación.

Veamos un testimonio que ilustra este tipo de encuentro secreto.

«Estaba a punto de perder la conciencia. Cuando lo miré, estaba observando fijamente alguna cosa que se encontraba ante él. Una sonrisa de agradecimiento se extendió lentamente por su rostro, como si saludara a alguien. Después, se relajó, con aspecto apacible, y murió.»[52]

Las visiones —de familiares o amigos difuntos, de entidades religiosas o místicas o de entornos paradisíacos— no tienen relación con *la expectativa* de la muerte. Pueden producirse cuando el paciente está muy enfermo, ciertamente, pero no parece estar en el umbral de la muerte. A veces las visiones pueden producirse también en personas que en apariencia gozan de buena salud y no tienen ninguna razón para esperar una muerte próxima, como ilustra el testimonio siguiente.

«Al regresar de la iglesia, un domingo por la noche, mi abuelo dijo que no se encontraba bien y fue a acostarse. Cuando mi abuela le llevó una taza de té, él le dijo que acababa de ver a "nuestra Mabel y a nuestra Doris", dos de sus hijas fallecidas en la primera infancia. Mi abuelo falleció aquella noche.»[53]

En el caso de este hombre, la visión no estaba relacionada con una enfermedad identificada, ni tampoco con la expectativa de una muerte

---

52. *Ibíd.*, p. 29.
53. *Ibíd.*, p. 39.

inminente. Se puede concluir que, en estos ejemplos, las visiones no son la *consecuencia* de un estado específico (una enfermedad en fase terminal y la expectativa de la muerte cercana), sino que *preceden* y *anuncian* una muerte que nada permite presagiar y que se producirá en las horas o los días siguientes; por ejemplo, como consecuencia de un infarto, un accidente vascular cerebral, etc.

Algunos testimonios sugieren una *interacción* entre los moribundos y los seres invisibles que se comunican con ellos, en particular para negociar el momento de la partida, lo cual implica que dispondrían de cierto margen de maniobra en cuanto a la hora de la muerte. Un hombre, informado del estado desesperado de su padre, se puso en camino para reunirse con él, pero el coche sufrió una avería que retrasó su llegada. Su hermana informó de ello a su padre y he aquí lo que ocurrió.

«Mi hermana oyó que papá hablaba en un tono muy irritado con alguien en su habitación. Temiendo que uno de sus hijos hubiera entrado en la habitación y lo estuviera molestando, fue a ver qué pasaba. Papá estaba solo en la habitación, tumbado en la cama. Mi hermana le preguntó con quién hablaba. Él le respondió: "¡Les estaba diciendo a los ángeles que todavía no estoy listo para partir!". Sabía que yo estaba en camino y quería mantenerse con vida hasta mi llegada.»[54]

Las visiones de entornos paradisíacos se describen mucho más raramente que las visiones de familiares o amigos desaparecidos. Pienso sobre todo en un niño de 7 u 8 años hospitalizado que estaba en fase terminal de una leucemia. Se sentía muy angustiado y agitado, tanto más cuanto que sus padres debían ocuparse también de sus tres hermanos y no podían estar siempre a su lado en el hospital. Un día, tuvo una visión de un lugar que él llamaba «el paraíso» y que describió a una enfermera. Como consecuencia de aquella visión, se volvió muy calmado e incluso sonriente y acabó sus días apaciblemente poco tiempo después.[55]

---

54. *Ibíd.*, p. 27.
55. Comunicación personal, 2015.

¿Por qué vio «el paraíso» en lugar de a un familiar o amigo fallecido? Se puede suponer que, para un niño tan pequeño, los seres queridos significativos son sobre todo —o incluso exclusivamente— las personas de su entorno cercano: sus padres, sus abuelos, quizá algún tío, tía o amigo de la familia y, por supuesto, sus hermanos y hermanas. Es probable que estas personas significativas estén todavía con vida, dada la corta edad del niño. Por lo tanto, podemos suponer que, al no tener ningún familiar o amigo fallecido que pudiera desempeñar el papel de «guía que pueda acompañarlo al otro mundo», su visión del «paraíso» realizaba una función análoga. En cualquier caso, había algo en aquella visión que lo tranquilizó y le permitió dormirse para siempre con dulzura y con confianza.

Hay quien dice haber visto **la conciencia/el espíritu/el alma abandonar el cuerpo en el momento de la muerte.** ¿Cómo se puede imaginar esto? La observación de «alguna cosa» que abandona el cuerpo en el momento del fallecimiento es, en realidad, un fenómeno bien conocido por el personal sanitario, que a veces también mencionan los familiares o amigos de los difuntos. El elemento común de estas descripciones, por otra parte diversas, consiste en la percepción de una *forma* o de una *sombra* que abandona el cuerpo por la boca, por el pecho o por la parte superior de la cabeza. Esta forma o sombra —a veces descrita también como un vapor, una nube, un humo blanco o una bruma— en algunos casos planea un instante por encima del cuerpo sin vida antes de elevarse y desaparecer por el techo. Este fenómeno no se limita a la simple percepción de una forma o de una sombra, sino que adquiere su significado a través de las nociones de *luz, amor, paz, consuelo y compasión* asociadas a esta vivencia. A veces, se oye una música celestial durante el episodio. La visión es efímera y no siempre la perciben todas las personas presentes en la habitación. El menor trastorno —alguien que habla o que entra en la habitación— suele poner fin a esta percepción.

Peter y Elizabeth Fenwick describen un caso de este tipo.

«De repente, una luz extremadamente brillante iluminó el pecho de mi esposo y, en el momento en que se elevaba, oí una música y unos cantos maravillosos. Mi propio pecho parecía lleno de una alegría infinita y tenía la sensación de que mi corazón se elevaba para reunirse con aquella luz y aquella música. De repente, sentí la mano de la enfermera sobre el hombro y me dijo: "Lo siento, querida, acaba de fallecer". Perdí el contacto con aquella luz y aquella música y me sentí infinitamente perdida por haber sido interrumpida.»[56]

«Quienes viven esta experiencia —comentan Peter y Elizabeth Fenwick—, sobre todo si va asociada a una sensación de luz y de amor, se sienten enormemente reconfortados. Esta sensación perdura durante los días siguientes al fallecimiento y, más importante todavía, la experiencia sigue siendo un consuelo durante muchos años.»[57]

¿Cuál es la experiencia de esta mujer? ¿Por qué tuvo «la sensación de que [su] corazón se elevaba para reunirse con aquella luz y aquella música» en el momento de percibir una luz brillante que iluminaba el pecho de su marido en el proceso de morir? ¿Compartió la vivencia de su esposo en el momento en que este abandonaba su cuerpo? ¿Lo acompañó en sus primeros pasos por el mundo espiritual?

¿Cuál es el impacto de las visiones sobre los moribundos?

Imaginemos a un individuo, agnóstico o ateo, que durante toda su vida ha rechazado cualquier idea de supervivencia de la conciencia, convencido de que al final del camino solo le aguardan la disolución y la nada. En el momento de la muerte, su padre fallecido se le aparece y le habla. No duda ni un segundo de la realidad de esta aparición y le responde con naturalidad, felicidad y gratitud, y después describe la aparición a quienes lo rodean. Esta reacción sería típica.

Veamos un relato que ilustra estas palabras.

---

56. Peter Fenwick y Elizabeth Fenwick, *El arte de morir*, *op. cit.*, p. 10.

57. *Ibíd.*, *loc. cit.*

«Yo cuidaba a una amiga que estaba convencida de que no había vida después de la muerte. En las últimas horas de su vida, se quedó muy tranquila y, emergiendo de vez en cuando de un estado inconsciente, decía frases como "Pronto lo sabré", "Venga, vamos, estoy preparada para partir ahora" y "Es tan bello". Inmediatamente después de haber pronunciado estas palabras, perdió de nuevo el conocimiento. Era evidente que estaba muy contenta, feliz y en paz. Era una experiencia magnífica para su pareja y para mí.»[58]

Como en las VSCD de las personas sanas, los moribundos no ponen en duda la realidad de estas apariciones. A pesar de su diversidad, su sistema de creencias personal y su propia historia, les atribuyen un sentido sorprendentemente homogéneo. Según ellos, el papel de las apariciones consiste en acogerlos en el umbral de la muerte y guiarlos hacia el mundo invisible. Con naturalidad y felicidad, acogen estas apariciones y las describen a su entorno, conscientes de que solo ellos pueden percibirlas. No están ni sorprendidos ni asustados de que un familiar o amigo fallecido se les aparezca y les hable, y explican la intención de la aparición con toda simplicidad («¡Vaya, Diego está aquí, ha venido a buscarme!»).

Las visiones en el momento de la muerte tienen una dimensión que va más allá de la simple aparición fugaz de un ser querido ya muerto. Generan un consuelo esencial y una certeza que eliminan en unos segundos las aprensiones que quizá han estado presentes a lo largo de toda la vida. Parece producirse una transferencia de conocimientos durante estas visiones que libera inmediata y totalmente al moribundo del miedo a morir. La angustia y la agitación, a menudo presentes en el proceso de morir, desaparecen de inmediato. Se apoderan del moribundo una serenidad, e incluso una alegría anticipada, que habrían sido impensables unos segundos antes. El impacto de las visiones es muy potente, inmediato y liberador. Se trata de una transformación psíquica profunda. Después de las visiones, las personas están dispuestas a morir, quizá dispuestas a partir para un misterioso viaje.

---

58. *Ibíd.*, p. 27.

El sociólogo australiano Allan Kellehear, profesor de la Universidad de Bradford, en Inglaterra, a partir de una investigación en Moldavia ha identificado los principales beneficios de las visiones en las personas que llegan al final de la vida.[59] El *apoyo*: los moribundos se tranquilizan por el hecho de que un familiar o amigo significativo ya fallecido los espere y les aporte asistencia. El *consuelo* experimentado por los moribundos procede o bien del hecho de darse cuenta de que sus seres queridos fallecidos están bien y son felices en el más allá, o bien de recibir información sobre su situación actual que los reconforta. A veces, se describe la *compañía continua* de los difuntos. Los moribundos mantienen conversaciones frecuentes y prolongadas con ellos y, de esta manera, se sienten menos solos durante las largas horas de agonía. La *reunión*: los difuntos vienen a buscar a sus familiares o amigos para acompañarlos hacia su nueva existencia. Algunas de las descripciones indican una cierta impaciencia por parte de los difuntos, que desean que sus seres queridos se reúnan con ellos lo antes posible para empezar una nueva vida común en el otro mundo. El *pronóstico*: la mera visión de familiares o amigos fallecidos indica a los moribundos que su muerte está cerca y que es inevitable. A veces, se les comunica un pronóstico temporal y parece establecerse una negociación en cuanto al momento del fallecimiento.

Kellehear concluye que las visiones en el momento de la muerte aportan una contribución significativa a la salud psicológica y el bienestar social de los moribundos. «Las visiones en el momento de la muerte aportan, efectivamente, un consuelo; no de la manera general y estereotipada que a menudo se suponía en el pasado (como un fenómeno que proporcionaría simplemente unas vagas imágenes de una supuesta vida después de la muerte), sino más específicamente, aportando mensajes prácticos de esperanza, control y vida social a quienes se enfrentan al final de su vida. Sean cuales sean las conclusiones sobre el estatus ontológico de estas visiones, los valores psicológico, social y pastoral de estas experiencias parecen aportar un beneficio extraordinariamente positivo a los moribundos.»[60]

---

59. Allan Kellehear, Vadim Pogonet y Rodica Mindruta-Stratan, «Deathbed visions from the Republic of Moldova: A Content Analysis of Family Observations», *Omega–Journal of Death and Dying*, 64(4) enero de 2011, pp. 303-317.

60. *Ibíd.*, p. 315.

Muy pocos testimonios describen una reacción negativa a una visión. Veamos un caso presentado por Peter y Elizabeth Fenwick.

«Hace doce años, mi marido, que estaba enfermo desde hacía varios años, se cayó y tuvo que ser hospitalizado. Un día, cuando fui a verlo, estaba desesperado porque había visto a su madre fallecida años antes. Me dijo que ella le había hablado. Le pregunté lo que le había dicho y me respondió: "Solo ha dicho *hola*". Pero de una manera u otra, él sabía que la visita de su madre significaba que estaba a punto de morir. Intenté tranquilizarlo diciéndole que había venido para ayudarlo a curarse, pero yo ya había oído hablar de estas apariciones y creo en la vida después de la muerte. Falleció una semana más tarde. Estoy convencida de que su madre lo visitó para ayudarlo a "pasar al otro lado", pero le había concedido un poco de tiempo suplementario con su familia.»[61]

Dado que el miedo a la muerte está tan profundamente anclado en el ser humano y que las ganas de vivir constituyen un instinto potente, podrían esperarse numerosas reacciones negativas ante las visiones que anuncian una muerte inminente, pero, por lo que los testimonios disponibles permiten deducir, en realidad son la excepción.

Por otra parte, advirtamos que las visiones en el momento de la muerte tienen muchas similitudes con las experiencias de muerte inminente: la luz que rodea a la aparición o que se percibe como fondo, la sensación de paz y de serenidad, la impresión de haber podido vislumbrar otra realidad, atractiva y benevolente, la abolición inmediata del miedo a la muerte y también la certeza absoluta de que la conciencia sobrevive a la muerte física. En los dos tipos de experiencias, la idea de una evolución dinámica —de un «viaje»— es esencial.

Las visiones en el momento de la muerte parecen ser un fenómeno frecuente, puesto que las enfermeras y enfermeros las conocen bien. Sin embargo, es difícil establecer estadísticas porque quienes las experimentan no tardan en fallecer. Para conocer la frecuencia global de las visio-

---

61. Fenwick Peter y Fenwick Elizabeth, *El arte de morir, op. cit.*, p. 41.

nes deberán realizarse estudios prospectivos en los servicios de cuidados paliativos y los hospitales mediante el interrogatorio rutinario del personal sanitario.

En la investigación mencionada anteriormente, llevada a cabo por el profesor Kellehear en Moldavia y que incluye las observaciones de 102 fallecimientos, el 36% de los moribundos había tenido una visión antes del fallecimiento.[62] En una investigación anterior realizada por Kellehear en Kerala, India, que comprendía las observaciones de 104 fallecimientos, el 30% de los moribundos había tenido una visión antes de morir.[63]

Una investigación dirigida por Christopher W. Kerr,[64] en un establecimiento de cuidados paliativos situado en Cheektowaga, en el estado de Nueva York, y realizada a partir de entrevistas diarias a 59 pacientes al final de la vida, llegó a la conclusión de que 52 pacientes (88,1%) experimentaron al menos una visión o tuvieron un sueño en el periodo examinado. Cerca de la mitad de los sueños/visiones (45,3%) se produjeron durante el sueño, el 15,6% en estado de vigilia y el 39,1% tuvieron lugar durante el sueño o en estado de vigilia. El objeto de los sueños/ visiones eran parientes o amigos fallecidos (46%), parientes o amigos vivos (17%) u otras personas (10%). El 27% restante se refería a acontecimientos significativos de su pasado, figuras religiosas, así como animales (sobre todo mascotas) fallecidos o vivos. El 99% de los pacientes describía estas experiencias como «reales», independientemente del hecho de que se hubieran producido durante el sueño o en estado de vigilia.[65] Al acercarse la muerte, la frecuencia de los sueños/visiones aumenta. Se desprende de esta encuesta que los pacientes consideran estas

---

62. Allan Kellehear, Vadim Pogonet y Rodica Mindruta-Stratan, «Deathbed visions from the Republic of Moldova: A Content Analysis of Family Observations», art. cit., p. 308.

63. Sandhya P. Muthumana, Meena Kumari y Allan Kellehear, «Deathbed visions from India: A Study of Family Observations in Northern Kerala», *Omega: Journal of Death and Dying*, 62(2). 2010, p. 97.

64. C. W. Kerr, J. P. Donnelly y S. T. Wright, «End-of-Life Dreams and Visions: A Longitudinal Study of Hospice Patients' Experiences», *Journal of Palliative Medicine*, 17(3), 2014, pp. 296-303.

65. *Ibíd.*, p. 298.

experiencias como importantes en el aspecto personal y las sienten como emocionalmente significativas. Obtienen el mayor consuelo de las experiencias que implican a los parientes o amigos fallecidos. Los investigadores concluyen que «a menudo, el miedo a la muerte de las personas que han llegado al final de la vida disminuye tras el sueño o la visión y se modifica su concepción de la muerte. Así pues, el impacto emocional suele ser positivo, reconfortante y, paradójicamente, portador de vida; el individuo está muriendo físicamente, pero su identidad emocional y espiritual persiste, como ilustrada por los sueños/visiones. Ahora bien, los sueños/visiones no niegan la muerte, sino que, al contrario, trascienden la experiencia de morir [...]».[66]

Las cifras mencionadas en estas encuestas deberán corroborarse o invalidarse mediante nuevas investigaciones. También hay que señalar que las visiones solo podrán recogerse si las personas que llegan al final de la vida desean compartirlas. Es posible que un número importante de moribundos tengan visiones que se guarden para ellos por todo tipo de razones; el carácter íntimo de la vivencia puede ser una de ellas.

Las visiones se sitúan en un contexto más amplio

Las visiones en el momento de la muerte son uno de los componentes esenciales de un concepto elaborado por dos enfermeras americanas: Maggie Callanan y Patricia Kelley. Gracias a su larga experiencia profesional en centros de cuidados paliativos y de tratamiento paliativo a domicilio, han constatado y examinado comportamientos recurrentes en sus pacientes. Tras el análisis de los diferentes elementos, han forjado la expresión «conciencia aumentada al acercarse la muerte», que describe un estado de conciencia específica inherente a la proximidad de la muerte.[67]

---

66. Kerr C. W., Donnelly J. P. y Wright S. T., «End-of-Life Dreams and Visions: A Longitudinal Study of Hospice Patients Experiences», art. cit., p. 302.

67. Maggie Callanan y Patricia Kelley, *Atenciones finales. Una obra para comprender las necesidades de los moribundos y comunicarse adecuadamente con ellos, op. cit.*

Las **visiones de familiares o amigos fallecidos,** a veces **de entidades religiosas o místicas,** constituyen el elemento principal de la conciencia aumentada al acercarse la muerte. Más raramente, se describen **visiones de paisajes paradisíacos.**

La **necesidad de reconciliación** es otro componente de este estado de conciencia ampliada. Las necesidades de los moribundos son esencialmente de tipo relacional. Se dan cuenta de que deben resolver los problemas de relación que los afectan, les generan una sensación de culpabilidad y hacen sufrir a todas las partes implicadas. Liberados de los problemas de ego, hacen todo lo posible por solucionar conflictos que, a veces, han afectado a su vida cotidiana durante años. Algunos individuos tienen necesidad de hacer las paces con su conciencia en el aspecto religioso y solicitan la asistencia de los representantes de su religión.

Las **condiciones para morir en paz** también forman parte de este estado de conciencia específico asociado a la proximidad de la muerte. El diálogo es primordial en esta fase de preparación para la muerte. Durante todo el tiempo en que se evita el tema que es omnipresente —la inminencia de la muerte—, el moribundo permanece en su aislamiento, en su agitación, a solas con sus preguntas y quizá con sus miedos. Una vez que la realidad de la proximidad de la muerte se ha expresado claramente y se ha compartido con el entorno, aunque el tema sea doloroso y difícil, el moribundo se siente menos solo y puede compartir con sus seres queridos los últimos intercambios intensos e importantes con una complicidad recuperada.

La **toma de conciencia de la proximidad de la muerte** permite a las personas que han llegado al final de la vida saber instintivamente que la muerte está cerca, aunque su estado de salud no permita prever un final inminente. Esta certeza se apodera de ellos aproximadamente durante las últimas setenta y dos horas. Parecen disponer de un cierto margen para controlar el desarrollo del proceso de morir; por ejemplo, esperando a un ser querido que llega del extranjero, apagándose la víspera del tan temido traslado a la residencia de ancianos o eligiendo partir en el momento en que los familiares y amigos que han acudido a compartir un rato con ellos acaban de abandonar la habitación del hospital por un breve instante.

Los moribundos utilizan a menudo un *lenguaje simbólico* para anunciar la proximidad de su muerte a su entorno. Emplean metáforas que se refieren a un viaje inminente y a la necesidad de encontrar su pasaporte, reservar un billete de avión, tomar un barco, el autobús, etc. Es muy habitual que estas palabras se atribuyan a la confusión (que, por otra parte, puede formar parte del proceso de morir) y no se tomen en serio ni se comprendan. Se pierde entonces una ocasión valiosa de hablar juntos de la muerte que se acerca, de intercambiar palabras esenciales y de acompañar al ser amado en este último extremo de su camino de vida.

Pero, en realidad, ¿cómo hay que interpretar esta metáfora de viaje? ¿Se trata realmente solo de una metáfora o hay que tomarse esta imagen de una manera más literal? Veamos lo que piensan de ello Peter y Elizabeth Fenwick: «¿Aluden a un viaje porque las personas que llegan al final de la vida no pueden concebir su propia muerte? Es poco probable, puesto que las circunstancias indican claramente que la muerte se producirá en poco tiempo. Parece más probable que alguna cosa en las visiones que han tenido, el mensaje transmitido durante las visiones, sugiera una continuidad y no un final. Es un mensaje optimista, que anuncia no solo el final de la vida, sino la posibilidad de un viaje que se abre ante ellas. Al parecer, lo que convence a los que tienen una visión, como convence a los individuos que han vivido una experiencia de muerte inminente, es la anticipación de este viaje que los espera; están convencidos de que la perspectiva de la muerte no es temible».[68]

Las visiones en el momento de la muerte – un fenómeno identificado desde hace siglos

A diferencia de las VSCD de las personas sanas, las visiones en el momento de la muerte han sido objeto de numerosas investigaciones científicas a lo largo del tiempo. El fenómeno se conoce desde hace siglos y algunos testimonios incluso se remontan a la época precristiana. Se en-

---

68. Peter Fenwick y Elizabeth Fenwick, *El arte de morir, op. cit.*, p. 45.

cuentran descripciones en el Evangelio, en numerosas leyendas folclóricas, así como en la literatura (por ejemplo, en las obras de Shakespeare y en las de Goethe). A principios del siglo XX, el interés tanto de los investigadores como del público por los fenómenos llamados «psíquicos» era grande. El primer estudio sistemático de este fenómeno lo realizó el profesor de Física sir William Barrett, del Royal College of Science de Dublín. En 1926, presentó los resultados de sus investigaciones en una publicación titulada *Visiones en el momento de la muerte*,[69] que se convirtió en una obra de referencia. Sus investigaciones llegan a la conclusión de que las visiones no eran solo un epifenómeno de un cerebro agonizante, sino que se producían cuando el moribundo estaba lúcido y racional. Por otra parte, presenta varios casos en los que el personal médico o quienes se encontraban en la habitación habían podido compartir las visiones de los pacientes, como ilustra el testimonio siguiente.

La narradora, Emma Pearson, describe la enfermedad y la muerte de su tía.

«Mi tía, Harriet Pearson, se puso gravemente enferma en Brighton en noviembre de 1864 y quería regresar a su casa de Londres, donde ella y su hermana (fallecida unos años antes) habían pasado la mayor parte de sus vidas. Tomé las disposiciones necesarias para trasladarla.

Sus dos nietas (la señora Coppinger y la señora John Pearson), el ama de llaves Eliza Quinton y yo misma la cuidábamos.

Su estado de salud empeoró. La noche del 23 de diciembre, la señora John Pearson la estaba velando, mientras la señora Coppinger y yo descansábamos en la habitación contigua, con la puerta entreabierta para poder oír cualquier ruido procedente de la habitación vecina. Ninguna de nosotras dormía. De repente, nos incorporamos en la cama al ver a una persona que pasaba por delante de la puerta, envuelta en un viejo chal, con una peluca con tres rizos de cabello que descendían a cada lado y tocada con un

---

69. Barrett William, *Visiones en el momento de la muerte*, Madrid, Alcántara, 1999.

viejo gorro negro. La señora Coppinger exclamó: "¡Emma, leván-
tate, es la anciana tía Ann!" Dije: "¡Así es, entonces la tía Harriet
morirá hoy!"

Mientras nosotras nos levantábamos de un salto, la señora
Pearson salió precipitadamente de la habitación de la tía Harriet diciendo: "¡Era la anciana tía Ann! ¿Adónde ha ido?" Para
tranquilizarla, respondí: "Quizá Eliza haya bajado para ver
cómo se encuentra su antigua maestra". La señora Coppinger
corrió al primer piso y encontró a Eliza dormida. Registramos
todas las habitaciones, pero no había nadie. Hasta el momento,
aquella aparición no ha podido ser explicada, si no es con la
hipótesis de que la anciana tía Ann había venido a buscar a su
hermana [...].

Harriet falleció aquella noche. Antes de morir, nos dijo que
había visto a su hermana, que había venido a buscarla.»[70]

Años más tarde, el profesor de Psicología islandés Erlendur Haraldsson y el psicólogo letón Karlis Osis estudiaron centenares de visiones en el momento de la muerte, en Estados Unidos y en la India.[71]
Estos trabajos sobre la conciencia aumentada al acercarse la muerte, así
como el estudio de las experiencias de muerte inminente, se inscriben
en la prolongación de los trabajos iniciados por Elisabeth Kübler-Ross,
psiquiatra estadounidense de origen suizo, pionera en el acompañamiento al final de la vida.

Mucho más recientemente, en 2006, se publicaron los resultados
de un proyecto piloto realizado por el profesor Peter Fenwick y otros
investigadores del instituto de psiquiatría del Kings College de Londres, llevado a cabo con un equipo de cuidados paliativos del Camden
Primary Care Trust. Las conclusiones indican que la muerte es un
proceso de transición que puede anunciarse mediante diferentes fenómenos, entre ellos las visiones, que reconfortan a los moribundos y los

---

70. William Barrett, *Visiones en el momento de la muerte, op. cit.*, pp. 37-38.

71. Karlis Osis y Erlendur Haraldsson, *Lo que vieron a la hora de la muerte*, Planeta DeAgos-
tini, 2003.

preparan espiritualmente para la muerte. Se desprende del proyecto piloto que por regla general los pacientes describen las visiones en el momento de la muerte como una parte intrínseca del proceso de morir en el que se encuentran y que estaban generalmente más serenos cuando se encontraban en compañía de sus visitantes secretos. Estos fenómenos son mucho más amplios que la tradicional imagen de una aparición a los pies de la cama. Las conclusiones del proyecto piloto indican también que estos fenómenos, entre ellos las visiones, no son provocados por las enfermedades o los medicamentos y que los moribundos prefieren hablar de ellos a las enfermeras o enfermeros más que a los médicos. Por otra parte, los investigadores suponen que las personas que se encuentran al final de la vida no necesariamente hablan de sus visiones, por temor a hacer el ridículo, preocupar a sus seres queridos o también por falta de reconocimiento público del fenómeno.[72]

✦ *Las visiones en el momento de la muerte constituyen un tipo particular de VSCD visuales.*

✦ *Las visiones de familiares o amigos fallecidos o, más raramente, de figuras religiosas o místicas:*

  – *Ponen en escena a un familiar o amigo fallecido o a una figura religiosa/mística, cuya misión parece consistir en conducir a la persona que llega al final de la vida hacia el mundo espiritual;*

  – *Los moribundos las perciben enseguida como reales;*

  – *Provocan un consuelo inmediato;*

  – *Liberan a los moribundos del miedo a la muerte;*

  – *Aportan serenidad y aceptación de la muerte próxima.*

✦ *Más raramente, se describen visiones de paisajes paradisíacos.*

---

72. Sue Brayne, Chris Farnham y Peter Fenwick, «Deathbed phenomena and their effect on palliative care team: A pilot study», *American Journal of Hospice and Palliative Medicine*, 23(1), enero de 2006, pp. 17-24.

✦ *Las visiones se sitúan en un contexto más amplio, conocido como «conciencia aumentada al acercarse la muerte», que engloba, además de las visiones, la necesidad de reconciliación, las condiciones para morir en paz, así como la toma de conciencia de la proximidad de la muerte.*

✦ ✦

5

Consecuencias de las VSCD para el proceso de duelo

En este capítulo, vamos a hablar del duelo. ¿Para qué sirve la VSCD, una experiencia tan breve y efímera como poderosa? ¿Se trata solo de un consuelo inmediato, de una bonita experiencia que aporta calidez al corazón o reviste un significado más profundo, duradero y transformador? En las páginas siguientes, vamos a analizar con más detalle el impacto de esta experiencia sobre el proceso de duelo.

Como hemos visto a lo largo de esta obra, los contactos *post mortem* son experiencias generalmente positivas, llenas de amor y de solicitud, que atenúan la tristeza de las personas en duelo. Estas personas consideran el acontecimiento como real, ajustan su sistema de creencias en consecuencia y, en el mejor de los casos, encuentran un nuevo sentido a la vida y a la muerte. Interpretan las VSCD como la prueba subjetiva de que la muerte no es más que un paso y que no debe ser motivo de temor, y el miedo a su propia muerte puede aligerarse. Los consejos de los difuntos de no llorarlos durante demasiado tiempo y de continuar su vida en espera de reunirse un día con ellos son de una importancia capital para el proceso de duelo. En esto, las VSCD son terapéuticas por naturaleza, porque responden a las necesidades de las personas en duelo.

La ausencia de VSCD, en cambio, puede ser un auténtico sufrimiento en el proceso de duelo. Numerosas personas en duelo desean ardientemente un último contacto con el ser querido desaparecido y, sin embargo, no ocurre nada. No obstante, debemos tener muy en cuenta que la ausencia de VSCD no debe *en ningún caso interpretarse como un abandono por parte del difunto* ni como un barómetro de la calidad o la intensidad del amor que unía a las dos partes antes del fallecimiento. Nadie sabe por qué algunas personas viven una VSCD y otras no. Es uno de los misterios que rigen nuestras vidas y hay que aceptarlo como tal.

Queda la solución de consultar a un médium, por supuesto, pero es necesario estar alerta: los buenos, los auténticos médiums, son escasos. Existen muchos individuos que pretenden estar dotados de dones mediúmnicos y que se apresurarán a decir a sus clientes en duelo exactamente lo que estos desean oír. No hay un método para detectar a estos usurpadores, aparte de estar alerta, no revelar más que lo estrictamente necesario de la identidad del difunto, no comentar las relaciones que nos unían a él, conservar el sentido común y evaluar las palabras del médium con discernimiento. Es difícil cuando el sufrimiento y la tristeza son tan grandes que se tienen ganas, incluso la necesidad, de apegarse a todo lo que alivia, a todo lo que puede proporcionar una esperanza.

Aunque se tenga la posibilidad de consultar a un buen médium, también hay que saber gestionar estos momentos privilegiados y, sobre todo, no abusar de ellos. Recurrir reiteradamente, incluso de forma frenética, a los médiums puede volverse adictivo; por lo tanto, malsano y contraproducente.

Stéphane Allix comenta las palabras de la médium Dominique Vallée a este respecto.

«Una consulta es susceptible de abrir una pequeña puerta, dice Dominique, pero añade también que en ningún caso hay que presuponer que esta sesión acabará con el sufrimiento; la mediumnidad no es un antidolor mágico. Así pues, como hacen los otros médiums que conozco, recomienda no abusar de las consultas. Consultar cada tres meses no sirve para nada. Incluso al revés, es necesaria la espera para dejar tiempo para que se reconstruya una nueva relación. Otra relación que integre la ausencia. Mantener a través de un médium una relación artificial e inalterada con el difunto, con el pretexto de que es posible comunicarse con él, no es terapéutico a medio plazo. Incluso puede constituir un freno para el bienestar.»[73]

El doctor Christophe Fauré, psiquiatra francés y reputado especialista en duelo, abunda en este sentido.

«Recurrir con demasiada frecuencia a los médiums también puede entorpecer el proceso de duelo en su segunda etapa. En efecto, la persona en duelo permanece bloqueada en un vínculo exterior con la persona desaparecida y se vuelve emocionalmente dependiente de los médiums encargados de establecer el "contacto", cuando el proceso de duelo invita a establecer un vínculo interior con ella. Actualmente, se sabe que estos contactos voluntarios repetidos impiden que las personas avancen psicológicamente, porque se quedan fijadas en su identidad del pasado y en el vínculo de antaño, mientras que el proceso de duelo les pide que aprendan a vivir, día a día, sin la presencia real del difunto.»[74]

Ni las VSCD, ni los contactos con los difuntos establecidos a través de un médium *permiten ahorrarse el trabajo del duelo*, un recorrido largo y doloroso que pasa —en desorden y con desconcierto— por la negación, la cólera, la depresión y la culpabilidad, para llegar finalmente a la aceptación de la partida definitiva del ser amado. Una vez comprendida y aceptada la irrevocabilidad de la partida física del familiar o amigo desaparecido, llega el momento de crear un *nuevo vínculo interior* con él o ella, una *nueva relación* que perdurará y que nada podrá ya romper. Fauré describe así esta etapa del trabajo de duelo:

«Este trabajo es la garantía de que no pierdes de nuevo a la persona que amas. En efecto, creas las condiciones para acogerla

---

73. Stéphane Allix, *Le Test: une enquête inouïe, la preuve de l'après-vie?*, París, Albin Michel, 2015, p. 90.

74. Christophe Fauré, *Vivir el duelo: la pérdida de un ser querido*, Barcelona, Kairós, 2004, pp. 73-74.

definitivamente en ti, en ese lugar interior que ya nada podrá poner en tela de juicio, a través de los años. Estará ahí contigo para siempre jamás. La palabra "duelo" da miedo, porque se asimila de manera errónea al olvido de la persona amada. ¡Es falso, porque lo que ocurre es todo lo contrario! El trabajo de duelo no conduce al olvido, muy al contrario, garantiza que no se olvide».[75]

Los contactos con los difuntos, tanto si son espontáneos como solicitados, se inscriben en esta elaboración de una nueva relación con el difunto, descrita así por Fauré:

«Se comprende, a medida que se desarrolla el proceso de duelo, que la relación que se mantenía con la persona desaparecida no solo no se ha interrumpido, sino que continúa evolucionando pero en un nivel diferente».[76]

Estos contactos son altamente beneficiosos y terapéuticos, siempre que las personas en duelo consigan establecer una distinción clara entre la partida física definitiva del ser amado —que los obliga a reorganizar su vida en consecuencia— y la nueva relación interior que se trata de crear y en la que estos contactos se inscriben perfectamente. En cambio, si estos contactos las mantienen en la ilusión de que el familiar o amigo desaparecido sigue ahí y de que, en realidad, nada ha cambiado, entonces es problemático, porque el proceso de duelo puede bloquearse debido a la negación de la partida definitiva del ser amado.

Por otra parte, señalemos una vez más que estas experiencias (VSCD o contactos establecidos a través de un médium) no impiden que la *tristeza* se instale, a veces durante mucho tiempo, aunque pueden atenuarla un poco y hacerla más suave.

---

75. *Ibíd.*, p. 25.
76. *Ibíd.*, p. 134.

Entrevista con Louis LaGrand

Tuve el placer de conversar sobre el impacto terapéutico de las VSCD con Louis LaGrand, uno de los más reconocidos especialistas en duelo de Estados Unidos. Es profesor emérito de la State University de Nueva York y presidente fundador del Hospice and Palliative Care of the St. Lawrence Valley. Es autor de ocho obras y de un gran número de artículos, conferenciante internacional y también imparte talleres de apoyo al duelo y de reducción del estrés en diferentes instituciones de salud.[77]

Le pregunté si, en su opinión, las VSCD son «reales» o más bien son ilusiones, alucinaciones, fenómenos autogenerados o compensaciones inconscientes debidas a la tristeza del duelo.

«Lo que realmente cuenta —me respondió— es la opinión de la persona en duelo. Que yo la suscriba o no carece de importancia. No soy yo quien ha experimentado la VSCD, es la persona en duelo. ¿Quién soy yo para juzgar si esta experiencia se ha producido solo en su mente? Aun así, añadiré que, personalmente, pienso que la mayoría de estas experiencias son reales y que solo un número muy pequeño se debe al trauma o a la tristeza del duelo.»

En su obra *Gifts from the Unknown*,[78] publicada en 2001, estimaba que el 44% de los estadounidenses (70 millones de personas) habían experimentado una o varias VSCD. Le pregunté si estas estadísticas seguían siendo válidas en la actualidad.

«Nadie sabe realmente cuántos de mis conciudadanos han experimentado una VSCD. Avancé esta estimación sobre la base de los estudios que había leído, pero tengo la sensación de que el número real incluso supera estas cifras, porque muchas de las personas

---

77. www.extraordinarygriefexperiences.com.
78. Louis E. LaGrand, *Gifts from the Unknown*, *op. cit.*, p. XVI.

en duelo prefieren no compartir su vivencia por temor a ser estigmatizadas como individuos que necesitan ayuda psicológica.»

LaGrand estima que aproximadamente el 30 a 35% de sus clientes han experimentado una VSCD. ¿Cómo utiliza estas experiencias en su trabajo como terapeuta del duelo?

«Cuando un cliente me cuenta su VSCD, suelo empezar diciéndole: "Ha recibido usted un regalo". Después, exploramos juntos las implicaciones de esta experiencia y, en particular, cómo utilizarla lo mejor posible para el trabajo de duelo. Hablar del amor que se siente en el momento de la VSCD y del hecho de que el amor nunca muere es totalmente apropiado. También utilizamos la experiencia como foco para centrar la atención cuando la persona en duelo está inmersa en pensamientos negativos. Recomiendo a mis clientes que consigan o se fabriquen un objeto que simbolice la VSCD, que pueden guardar en su casa en un lugar especial, para recordar siempre que han tenido la suerte de vivir esta experiencia.»

¿Cuál es el elemento que hace que las VSCD sean tan convincentes para las personas en duelo? ¿Es la sensación de que el ser amado sigue con vida, en otro lugar que nosotros no podemos imaginar? ¿Es la confirmación subjetiva de que el vínculo de amor no se ha roto? ¿O es la convicción, preexistente o recién adquirida, de que existe una vida después de la muerte… para el ser querido fallecido, pero también para uno mismo?

«Pienso que todos los elementos que ha enumerado desempeñan un papel en el plano individual, según las creencias de las personas en duelo y el tipo de VSCD experimentada. Para algunos, el vínculo de amor es lo esencial. Para otros, es la convicción de la existencia de una vida después de la muerte y del mundo de los espíritus. En especial, la toma de conciencia de que la persona en duelo volverá a ver al ser querido desaparecido constituye una ayuda poderosa para adaptarse a la ausencia física del difunto.»

¿Cómo describiría el efecto terapéutico de las VSCD?

«En su conjunto, el impacto terapéutico para muchos, no para todos, es inmenso. De nuevo, intervienen también el contexto de vida de la persona en duelo, las influencias recibidas durante la infancia, la concepción de sí mismo y el sistema de creencias. El resultado es una nueva toma de conciencia en grados diversos y una nueva manera de considerar la muerte, la vida y la supervivencia.»

¿En qué medida una VSCD facilita el proceso de duelo?

«Es difícil afirmar categóricamente que una persona en duelo que ha experimentado una VSCD tendrá más facilidad para gestionar el duelo que un individuo que no la ha experimentado. Todos somos diferentes en nuestra manera de vivir un duelo, puesto que nuestra relación con los demás y nuestra educación son únicas para cada uno de nosotros. No cabe ninguna duda de que una persona que está convencida de la autenticidad de su VSCD aceptará la realidad de la ausencia física del ser amado con mucha más facilidad. Es uno de los beneficios principales de esta experiencia para el proceso de duelo, puesto que la aceptación de la muerte del ser querido es el primer objetivo. No obstante, con o sin VSCD, las personas en duelo deben realizar un trabajo de duelo que corresponde al establecimiento de nuevas rutinas en la vida cotidiana y a la adaptación a los numerosos cambios que deben afrontarse. A veces, la VSCD es una motivación poderosa para crecer a través de la pérdida del ser querido y para encontrar un sentido a este fallecimiento. Sin embargo, algunas personas en duelo que no han experimentado VSCD están fuertemente motivadas para superar su tristeza. Es su manera de honrar al familiar o amigo fallecido, pues saben que él o ella habrían deseado que continuaran con su vida con valentía. Algunas personas ven la muerte como una puerta en lugar de como una pared, lo cual les permite gestionar la tristeza del duelo de manera más sana.

No obstante, es muy posible que el hecho de haber experimenta-do una VSCD establezca una diferencia en ciertas circunstancias. La experiencia ayuda a algunos a alcanzar más rapidamente el primer objetivo del proceso de duelo: la aceptación de la realidad de la muerte del ser amado. Pero esto no significa necesariamen-te que su tristeza sea menor.»

Las VSCD no evitan la tristeza, es evidente, como refieren muy a las claras los testimonios que presentamos a lo largo de esta obra. Para el terapeuta, ¿cuál es la diferencia entre los clientes que han experimen-tado una VSCD y los que no?

«Empiezo mi trabajo con todos los clientes como si no hubieran experimentado una VSCD. Cuando se establece el diálogo, aun-que los clientes no hayan abordado el tema, si tengo la sensación de que se ha establecido una relación de confianza, pregunto si ha ocurrido alguna cosa no habitual con el difunto. Unas veces, esto ocurre durante la primera consulta, otras veces más adelante. Si, efectivamente, los clientes han experimentado una VSCD, son-deo su impresión acerca de lo ocurrido. Observo los signos no verbales emitidos por los clientes mientras me cuentan su viven-cia, lo cual me ayuda a evaluar si creen en ella realmente y hasta qué punto los ha impactado la vivencia. Si mi evaluación es posi-tiva, hago todo lo posible para apoyarlos en su convicción y para encontrar con ellos la mejor manera de utilizar esta experiencia.»

Le pregunté si el beneficio de la VSCD era inmediato o si evolucio-naba y se intensificaba con el paso del tiempo.

«Si la persona en duelo piensa que la VSCD era realmente un signo o un mensaje por parte del familiar o amigo fallecido, los efectos positivos son inmediatos. La motivación, un aumento del sentido del misterio y una mayor voluntad de adaptarse a esta nueva vida sin la presencia física del ser amado son algunos de los beneficios, entre muchos otros. Con el paso del tiempo y cuando se informa sobre las vivencias similares de otras personas, la experiencia puede adquirir un sentido más profundo. Estos nuevos significados que se atribuyen a la VSCD son el resultado de lecturas, de conversaciones y de opiniones emitidas por otros. Existe un amplio abanico de escritos que tratan el tema de las diferentes experiencias de las personas en duelo. A lo largo del tiempo, esta información contribuye a una mejor comprensión y les permite atribuir un mayor significado a la VSCD experimentada.»

Es posible que en Estados Unidos sea habitual consultar a un especialista en duelo, pero este no es el caso en Europa. En nuestras latitudes, las personas consultan sobre todo si la tristeza del duelo se ha transformado en una depresión que no consiguen superar. Los clientes de LaGrand que han experimentado una VSCD pueden hablar de ello con él y beneficiarse de sus consejos para sacar el mayor provecho posible a la hora de gestionar su duelo y para integrar esta experiencia en su vida, pero ¿qué ocurre con las personas en duelo que no pueden beneficiarse de esta asistencia profesional? ¿Qué consejos podría darles LaGrand?

«Les digo a mis clientes que disponen de cinco regalos para salir adelante después de haber sufrido cualquier tipo de pérdida: el conocimiento, la verdad, la sabiduría, la ruptura del mito y la perseverancia. La categoría del conocimiento comprende dos subdivisiones: una gran variedad de información sobre el duelo y la importancia del misterio en nuestras vidas, muy en particular durante un periodo de duelo. Hablamos de las VSCD que algunas personas en duelo han tenido el privilegio de vivir, evocamos las experiencias de muerte inminente que tantas personas han experimentado y comentamos acontecimientos inexplicables que se producen todos los días y pueden ocurrirle a cualquiera. Por ejemplo, ¿quién puede explicar cómo es posible que un perro encuentre el camino hasta la casa de sus amos que se encuentra a centenares e incluso a miles de kilómetros? ¿Incluso después de una separación de varios meses? Este fenómeno bien conocido es un misterio. De la misma manera que son misteriosas las premoniciones y tantas otras experiencias humanas y animales excepcionales. Sumergirse en el misterio y en el papel que desempeña en el desarrollo personal es un tema importante para todo el mundo. Para quienes han experimentado una VSCD y no desean una ayuda profesional, es primordial buscar tanta información como les sea posible sobre esta experiencia, a fin de sacarle el máximo beneficio. Yo les recomendaría también que buscaran personas que hubieran tenido una VSCD y les preguntaran cómo han integrado esta experiencia en el proceso del duelo y qué significado tiene para ellas. También es muy posible que algunas personas en duelo piensen que la VSCD se la ha concedido un poder superior y que su familiar o amigo desaparecido está bien y es feliz en el mundo espiritual. Estas personas no tienen necesidad de informaciones suplementarias. Su sistema de creencias es sólido y les proporciona el significado necesario. Para ellas, la aparición de la VSCD era previsible y no tiene nada de extraordinario.»

Todos los receptores citados en las páginas anteriores estaban convencidos de la realidad de su VSCD y la gran mayoría de ellos no cambió de opinión, fueran cuales fueran las reacciones de su familia o de sus amigos. Sin embargo, algunos empezaron a dudar cuando su relato provocó una reacción negativa por parte de sus familiares o amigos. Estaban confundidos y apenados, puesto que se les había quitado alguna cosa importante. Le pregunté a LaGrand si era arriesgado hablar de este tipo de experiencia y qué consejo solía dar a sus clientes sobre este punto.

«Es lamentable que los relatos de VSCD se pongan en duda y se reciban con recelo. Aconsejaría a mis clientes que no prestaran atención a las reacciones negativas y que se centraran en los que las apoyan. Les recomendaría que no hablaran más del tema en presencia de las personas que no creen en ello, pues esto no hace sino aumentar inútilmente su sufrimiento. Es importante protegerse confiando esta vivencia íntima a las personas adecuadas, a los interlocutores abiertos y benevolentes, y saber guardársela para uno mismo cuando no se reúnen las condiciones de recepción favorables. Una vez más, buscar personas que hayan vivido experiencias similares y conversar con ellas puede restablecer el significado y la fuerza de estos contactos.»

Algunos individuos experimentan una sola VSCD, otros viven varias con el mismo difunto. Le pregunté a LaGrand si estos contactos pueden volverse «adictivos». En otras palabras, ¿los receptores esperan y están dispuestos a vivir cada vez más contactos o una sola experiencia es suficientemente poderosa para calmar la tristeza y resolver la mayoría o la totalidad de los cuestionamientos relacionados con el duelo?

«Sin duda, una sola experiencia puede calmar la tristeza de las personas en duelo, pero de todos modos tendrán que realizar el trabajo del duelo y adaptarse a esta pérdida dolorosa. No obstante, algunas personas quieren más. Como usted dice, en efecto, estos contactos pueden volverse adictivos y provocar un gran sufrimiento inútil si este deseo no se cumple. No sabemos por qué algunas personas experimentan varias VSCD y otras no. ¿Quizá están más abiertas a la experiencia? Una vez más, una VSCD es una experiencia muy individual.»

El duelo es un proceso complejo y cada individuo lo gestiona a su manera. Aun así, existen algunas etapas comunes que deben superarse para que el trabajo de duelo pueda llegar a buen puerto. Como ya hemos explicado, una de estas etapas importantes y necesarias consiste en aceptar la realidad y la irrevocabilidad de la partida del ser amado. Es posible que continúe existiendo en «otra parte» que nosotros no podemos imaginar y todavía menos comprender, pero el hecho es que la persona en duelo debe proseguir su camino de vida sin este ser esencial a su lado. Pregunté a LaGrand si consideraba peligroso el hecho de que las VSCD puedan impedir a las personas en duelo aceptar la realidad de la muerte (física) de su familiar o amigo, lo cual podría dificultar la realización de esta etapa esencial que debe franquearse para concluir de manera adecuada el proceso de duelo.

«Sin duda, es posible que estas experiencias impidan que las personas en duelo acepten la irrevocabilidad de la muerte de su ser querido o, al menos, retrasarla. Todo dependerá de la salud mental de la persona en duelo, del número de VSCD experimentadas y también de si era excesivamente dependiente del difunto. Sin embargo, mi experiencia me ha enseñado que generalmente las personas en duelo consideran las VSCD como una ayuda para aceptar el fallecimiento, para honrar al ser amado y para crecer a través de la experiencia del duelo. Pero, por supuesto, siempre hay excepciones a la regla.»

Sabemos que las VSCD no se producen en respuesta a una profunda desesperación ni a un intenso deseo de experimentar una, sino que aparecen de manera inesperada y espontánea. Por ejemplo, muchos individuos desean ardientemente un último contacto con su familiar fallecido que, sin embargo, no se produce. Es doloroso para algunos, sobre todo si piensan que no merecen tener esta experiencia o que su familiar o amigo fallecido no se preocupa lo suficiente por ellos para iniciar este contacto. De hecho, el vínculo de amor que había unido al receptor y el difunto parece ser un elemento importante para que se produzca una VSCD, pero quizá no sea determinante. Este temor a no merecer un contacto o la decepción de no haberlo experimentado, ¿podrían constituir un riesgo para una gestión serena del duelo?

«Para empezar, nadie sabe por qué millones de personas experimentan VSCD y otros millones de personas no las experimentan. Existen muchas especulaciones, pero ninguna respuesta definitiva. Entre mi clientela, hay un número de individuos que esperaban recibir un signo o un mensaje y no lo han recibido. Cuando me piden consejo, suelo recomendarles que dirijan plegarias a una fuerza superior o a los difuntos, en función de su sistema de creencias. No obstante, tanto si experimentan una VSCD como si no, de todos modos deben empezar a establecer nuevas rutinas y una nueva relación con el difunto, y aprender a amar estando separados. Estas recomendaciones deben comunicarse con suavidad, acompañadas de la información de que es totalmente posible que en el futuro les llegue un signo o un mensaje y de que no deben perder la esperanza. Las personas en duelo no tienen esta experiencia solo porque deseen tenerla. Cada uno de nosotros es un misterio, y la cuestión de saber quién experimenta o no una VSCD es, efectivamente, otro misterio.»

Algunos receptores se asustan debido a una vivencia subjetiva de contacto con un difunto, sobre todo durante las apariciones, aunque después lamentan su reacción de pánico. Le pregunté a LaGrand si algunos de sus clientes habían experimentado VSCD de las que asustan y qué ayuda terapéutica les había podido proporcionar.

«Según mi experiencia, las VSCD del tipo de una "aparición" no son tan corrientes como las VSCD de "sentir la presencia" del ser querido fallecido o las que se producen durante el sueño. En los casos de apariciones que asustan, yo examinaría el contexto de vida de la persona en duelo para sacar a relucir los miedos que se remontan a la infancia y establecer su causa. La mayoría de miedos se han aprendido y pueden desaprenderse. En el contexto de este desaprendizaje, yo tematizaría estas apariciones que han causado problemas y las presentaría como una prueba de amor por parte del difunto, como una experiencia que debe ser apreciada. El amor es una fuerza poderosa que, por desgracia, se utiliza poco como estrategia de ajuste o de adaptación. No obstante, aunque haya oído hablar de algunas personas en duelo que se asustaron debido a una VSCD, no he encontrado este caso entre mis clientes.»

La última cuestión para Louis LaGrand era más personal, pues le pregunté si los numerosos años de trabajo con personas en duelo y el gran número de relatos de VSCD que había escuchado en su consulta habían tenido alguna influencia en su propio sistema de creencias.

«Desde luego —me respondió—, es evidente. Mi formación científica me ha preparado para considerar estas experiencias como ilusiones, coincidencias o alucinaciones auditivas o visuales. Mi primer encuentro con las VSCD, que se produjo cuando un cliente me contó su experiencia, hizo que reconsiderara por completo mi formación científica, en el momento en que decidí utilizar el potencial de estas experiencias para ayudar a las personas en duelo. Con el paso del tiempo, las numerosas entrevistas con mis clientes en duelo y las conversaciones con colegas han consolidado mi convicción de que existe una vida después de la muerte y de que un Dios amoroso decide quién necesita o no este tipo de ayuda.»

En la medida en que los clientes de Louis LaGrand han experimentado una o varias VSCD antes o durante el trabajo terapéutico, él las integra en el proceso de duelo para ayudar a las personas en duelo a extraer de ellas todos los beneficios. Sin embargo, no hace nada para provocar su aparición.

Allan Botkin decidió ir un poco más lejos…

Entrevista con Allan Botkin

El doctor Allan Botkin es un psicólogo clínico establecido en Lincolnshire, Illinois, Estados Unidos. Por pura casualidad, descubrió una nueva terapia que actualmente se conoce con el nombre de «comunicación después de la muerte inducida» (CDMI), practicada por medio de la DRMO.[79]

Allan Botkin creó esta terapia en la época en que pasaba consulta a veteranos de la guerra de Vietnam en un hospital de Chicago y en que practicaba la DRMO para tratar el síndrome del estrés postraumático (SEPT) que padecían. Así fue como, por casualidad, descubrió la comunicación inducida después de la muerte durante una terapia con Sam, uno de estos veteranos que vivía atormentado por el recuerdo de

---

79. Desensibilización y reprocesamiento por medio de movimientos oculares, técnica desarrollada por la terapeuta comportamental estadounidense Francine Shapiro en 1987. También conocida por EMDR, su acrónimo en inglés.

una joven vietnamita a la que no había podido salvar. Durante la sesión, contra toda expectativa, Sam tuvo una visión del espíritu de la joven que le dijo que todo iba bien y que ahora estaba en paz. Aquella breve experiencia tuvo un impacto más profundo que años de terapia y permitió a Sam continuar con su vida de manera mucho más tranquila.

Después de este descubrimiento fortuito en 1995, Allan Botkin perfeccionó su método de comunicación inducida después de la muerte, que actualmente practica en su consulta privada de Lincolnshire. Recibe sobre todo a personas en duelo y personas que padecen pérdidas traumáticas, y ha fundado el Center for Grief and Traumatic Loss[80] (Centro para el duelo y las pérdidas traumáticas). En la actualidad, se han formado numerosos terapeutas en este método en el ámbito nacional e internacional. Su obra *Induced After–Death Communication: A new therapy for healing grief and trauma*[81] describe el funcionamiento de este nuevo método fascinante, que está ocupando un lugar importante en el mundo de la terapia y el tratamiento de la tristeza del duelo y los traumatismos.

Tuve el privilegio de conversar con Allan Botkin. Mi primera pregunta se refería a la manera de inducir las VSCD.

«Para aprender la terapia basada en la comunicación inducida después de la muerte, la terapia CDMI, se ofrece una jornada de formación a terapeutas licenciados que ya se han formado en DRMO —precisa—. No puedo explicar aquí el procedimiento en su totalidad, pero sí exponer sus aspectos principales. Las comunicaciones después de la muerte se inducen mediante una técnica de desensibilización y reprogramación por movimientos oculares, o DRMO. Durante el tratamiento con la DRMO, el paciente se concentra en un aspecto de su trauma a la vez que sigue con los ojos el movimiento derecha-izquierda del dedo del terapeuta. El movimiento de los ojos pone al cerebro en un estado de funcionamiento más

---

80. www.induced-adc.com.

81. Botkin Allan, *Induced After-Death Communication: A new therapy for healing grief and trauma*, Charlottesville, VA, Hampton Roads Publishing Co., 2005.

eficaz, probablemente similar al funcionamiento que se produce durante el sueño o durante la fase de sueño llamada "sueño paradójico" o "sueño con movimientos oculares rápidos" (MOR). Las personas familiarizadas con los efectos de la DRMO saben con qué rapidez los pacientes pueden tratar y reducir un dolor emocional abrumador.

En 1995, experimenté con algunas variaciones del procedimiento de DRMO estándar y descubrí que una secuencia particular de estos cambios introducidos por mí producía invariablemente como resultado la aparición de una VSCD en mis pacientes. En un primer momento, pensé que tenían alucinaciones, pero enseguida se hizo evidente que se curaban de repente en un grado que me parecía imposible.

De manera general, en la terapia de CDMI, el movimiento de los ojos se utiliza primero para tratar con rapidez lo que ocupa el centro del duelo, es decir, una profunda tristeza. Una vez reducida la tristeza de manera importante, todas las emociones asociadas, como la cólera y la culpabilidad, simplemente desaparecen. Cuando esto ocurre, los pacientes sienten una intensa sensación de calma y de paz.

En este estadio, una serie suplementaria de movimientos de los ojos suelen producir una VSCD. No formulo ninguna sugestión, solo invito a los pacientes a abrirse a todo lo que pueda producirse.

A veces, mis clientes refieren que sus seres queridos fallecidos les habían dicho durante la experiencia que ya habían intentado desde hacía un tiempo ponerse en contacto con ellos, en vano. Aparentemente, los difuntos sienten que existimos en un nivel de vibración mucho más bajo. Cuando estamos tristes, nos perciben como todavía más lentos en nuestras vibraciones. Algunos clientes cuentan que los difuntos les informaron de su dificultad para entrar en contacto con los seres vivos. Sin embargo, cuando los clientes experimentan una sensación de paz después del tratamiento y la eliminación de su tristeza gracias a la terapia de CDMI, entonces su vibración se sitúa en un nivel más elevado, y aparentemente entonces los difuntos tienen más facilidad para ponerse en contacto con ellos. Quizá se trata solo de conseguir que el difunto y el ser vivo se encuentren en la misma longitud de onda. Sabemos que las VSCD espontáneas se producen de improviso. No aparecen cuando las personas en duelo están sumidas en la tristeza del duelo o cuando desean vivir este tipo de experiencia. El mismo principio es cierto para la terapia de CDMI. Tratamos en primer lugar la tristeza y después instruimos a nuestros pacientes para que se abran a todo lo que pueda producirse. No podemos ni producir ni forzar la experiencia, pero podemos propiciar que tenga lugar.

Por otra parte, la DRMO es ahora una forma de psicoterapia corriente, científicamente avalada y sólidamente anclada en las neurociencias. En resumen, los movimientos oculares conducen al cerebro a integrar plenamente sus partes más sanas en la experiencia traumática. Cuando ocurre esto, se produce la curación de manera natural.

La aparición de una VSCD al final de una sesión de terapia de CDMI aumenta todavía más la curación y, a menudo, da lugar a una sensación de alegría y a la impresión reconfortante para los pacientes de que sus familiares o amigos fallecidos todavía están a su lado.»

Quise saber con qué objeto utilizaba Botkin la terapia de CDMI en su trabajo actual.

«Los terapeutas que trabajan con la terapia de CDMI la utilizan para tratar a la vez el trauma y la tristeza del duelo. Cuando tratan un trauma que no tiene como origen un fallecimiento, no suele producirse una VSCD. Sin embargo, dirigir la atención hacia las emociones subyacentes a menudo da lugar a una resolución rápida del recuerdo traumático. Por ejemplo, he trabajado con numerosos veteranos de guerra y víctimas de abusos graves. La terapia de CDMI funciona muy bien para toda la gama de tristezas, desde el dolor traumático hasta la tristeza del duelo normal. La amplitud de la pérdida no establece ninguna diferencia.»

¿Cuál es el porcentaje de clientes de Botkin que experimentan una VSCD durante las sesiones de terapia?

«Los terapeutas formados en la terapia de CDMI, establecidos en el mundo entero, describen que alrededor de un 75% de sus clientes experimentan una VSCD, en casi todos los casos tras solo dos sesiones. Me alegra decir que los terapeutas formados por mí lo consiguen tan fácilmente como yo mismo.»

Es un porcentaje importante, superior a las VSCD espontáneas. Cuando Botkin utilizaba la DRMO para tratar a los veteranos de guerra que padecían un síndrome de estrés postraumático, las VSCD se producían espontáneamente. Ahora, utiliza la DRMO para provocar VSCD con el objetivo de ayudar a sus pacientes a gestionar su tristeza por el duelo. Sus pacientes actuales lo consultan con la esperanza y la expectativa de experimentar una VSCD. Me interesé por saber si las VSCD se producen con mayor frecuencia o con menos frecuencia en el marco actual de su trabajo que cuando trataba a los veteranos de guerra, que no esperaban en absoluto experimentar una VSCD.

«En efecto. En la época en la que hacía experimentos introduciendo variaciones en el procedimiento de DRMO estándar, trabajé en un hospital para veteranos de guerra que sufrían un síndrome de estrés postraumático. Al principio, solo el 15% de mis pacientes experimentaban VSCD y todos se presentaban de manera espontánea e inesperada. Reflexioné en lo que había hecho de forma diferente en los casos en los que se habían producido las VSCD y lo descubrí. Entonces introduje sistemáticamente este único cambio en el procedimiento de DRMO estándar, con la intención deliberada de provocar una VSCD, y el porcentaje de éxitos se disparó hasta el 98%.

Sin embargo, cuando abrí mi consulta privada, el porcentaje de aparición de una VSCD cayó al 75%. Existen varias razones para ello, una de las cuales es que la mayoría de mis pacientes veteranos estaban convencidos de que no experimentarían una

VSCD porque no creían en una vida después de la muerte. Por supuesto, generalmente cambiaban de opinión tras haberse producido una VSCD. Desde que abrí mi consulta privada, trabajo con personas que creen con fervor en la vida después de la muerte. Cuando se inducen VSCD, es muy importante estar abierto a todo lo que pueda pasar. Las personas que no creen en una vida después de la muerte tienen tendencia a ser más abiertas, o receptivas, a todo lo que pueda producirse. En cambio, las personas que tienen fuertes convicciones sobre la vida después de la muerte están inclinadas a introducir sus propias creencias en el desarrollo de la experiencia. En estos casos, las VSCD no se producen. En este sentido, las VSCD espontáneas e inducidas son idénticas. No podemos provocar ni las unas ni las otras. Además, no tenemos ningún control sobre lo que va a ocurrir. Cuando intentamos tomar el control de la experiencia, esta desaparece enseguida.»

¿Existen diferencias entre las VSCD espontáneas y las VSCD inducidas?

«Recuerdo la época en que mis pacientes empezaron a experimentar VSCD y en la que yo no comprendía de qué me hablaban. Un poco más tarde, leí *Saludos desde el cielo*, escrito por los Guggenheim. Me quedé estupefacto al descubrir que aquellas experiencias no eran raras y que muchas personas las vivían espontáneamente. Comprendí de inmediato que el contenido de las VSCD inducidas y espontáneas era idéntico. Estaba convencido de que se trataba del mismo fenómeno.

Las VSCD inducidas tienen dos ventajas. En primer lugar, una vez que el paciente en duelo ha experimentado una VSCD inducida, generalmente es bastante fácil y sencillo repetir la experiencia y elaborarla más en profundidad. En segundo lugar, con la terapia de CDMI, tratamos primero la tristeza. Así que, cuando se produce la VSCD, queda poca o ninguna tristeza capaz de volver a sumergir al paciente en la pena del duelo. Algunos clientes que han experimentado una VSCD espontánea vienen a verme porque hasta cierto punto siguen atrapados en su tristeza, pese a la experiencia que han vivido. Una vez completamente eliminada esta tristeza, ya nada impide que se desplieguen los sentimientos maravillosos asociados a las VSCD.

Cuando se publicó mi libro en 2005, esperaba que los investigadores del campo de las VSCD espontáneas fueran los primeros que se precipitaran a descubrirlo. Me sentí muy afligido al saber que no era así. Según algunos de estos investigadores, las VSCD auténticas solo pueden producirse espontáneamente y por casualidad. Sin embargo, esta postura me parecía basada solo en una simple cuestión de definición. Consideraba evidente que la naturaleza no puede reducirse a esta definición más bien restringida. Está muy claro que, cuando practicamos la terapia de CDMI, no inducimos directamente una VSCD, no hacemos más que provocar un estado de conciencia que facilita la aparición totalmente natural, incluso espontánea, de una VSCD. Una vez más, cuando la tristeza se ha podido reducir y los pacientes experimentan una sensación de paz, están mucho más abiertos a la aparición muy natural de una VSCD. A veces, los difuntos nos han dicho que eran ellos quienes controlaban la experiencia, no nosotros. Después de haber realizado varios miles de sesiones de terapia de CDMI, esto me parece perfectamente plausible.»

Según la clasificación de los Guggenheim, ¿cuáles son los tipos de VSCD que perciben con mayor frecuencia los clientes de Botkin: ver una aparición, sentir una presencia, oír una voz, sentir físicamente un contacto, oler una fragancia...?

«Probablemente, más de la mitad de las personas que han experimentado una VSCD inducida han visto una imagen de su ser querido fallecido. Estas imágenes generalmente se asocian a un mensaje muy potente. Dicen, por ejemplo: "Puedes ver que gozo de buena salud, que soy feliz y quiero que tú también lo seas". Por supuesto, una imagen vale más que diez mil palabras. Algunas personas solo experimentan una comunicación verbal, que con frecuencia com-

prende un contacto físico; por ejemplo, un abrazo. Muchos individuos viven a la vez una comunicación visual y verbal. Las comunicaciones verbales se describen habitualmente como telepáticas, más
bien que oír una voz. Casi todas las VSCD se asocian a una moda-
lidad sensorial y no se limitan a la simple sensación de una presencia. Sentir una presencia durante una sesión de terapia de CDMI
suele ser un signo anunciador de la aparición de una experiencia
más sensorial.»

¿Las VSCD son «reales» o se trata de ilusiones? ¿Alucinaciones?
¿Un fenómeno autogenerado? ¿Compensaciones inconscientes debidas
a la tristeza del duelo? ¿Qué piensa Botkin de esto?

«Como psicólogo que trata a personas que han sufrido traumatismos y pérdidas inimaginables, mi objetivo principal es su curación. Por otra parte, la terapia de CDMI funciona tan bien en los
creyentes como en los agnósticos y los ateos. Dado que las VSCD
son experiencias que se producen de forma natural, lo que se cree
no tiene ninguna incidencia.

Además, como psicólogo, no sería adecuado imponer mi opinión personal a los pacientes. Dejo que ellos decidan creer lo que
les resulte más cómodo. Por supuesto, casi todos los que no creían
en una vida después de la muerte cambian enseguida de opinión
cuando su VSCD empieza a desarrollarse.

No obstante, me parece evidente que la explicación psicológica (por ejemplo, fantasmas que sirven para satisfacer un deseo
o una necesidad) y la explicación basada solo en el funcionamiento cerebral no son adecuadas. La hipótesis más coherente
con los datos de que disponemos consiste en decir que existe
realmente una vida después de la muerte y que los difuntos son
capaces de comunicarse con nosotros. Aun así, nunca aseguraría
que las VSCD espontáneas e inducidas prueban la existencia de
una vida después de la muerte. Una "prueba" es un concepto
matemático, no científico. Como científicos responsables, nos
basamos en los hechos, sean cuales sean nuestras creencias pre-

existentes. Aquí es donde los escépticos fundamentalistas no están a la altura, puesto que interpretan los hechos solo a la luz de sus ideas preconcebidas.

Añadiría que las opiniones de los expertos en la materia me importan poco. Las únicas personas que pueden pretender tener una visión clara son las que han experimentado ellas mismas una experiencia de muerte inminente (EMI), una VSCD espontánea o inducida, o una visión en el momento del fallecimiento.»

Le planteé a Botkin la cuestión de saber qué otras experiencias transpersonales deberían incluirse en el debate para aportarnos una comprensión más amplia y global de las VSCD.

«Me parece bastante evidente que las EMI, las VSCD espontáneas e inducidas y las visiones en el momento del fallecimiento se parecen mucho en su esencia. Se producen en personas con diferentes sistemas de creencias, que viven en culturas diversas. Además, y quizá es el punto más importante, estas experiencias se producen en un amplio abanico de circunstancias. Pienso que el conjunto de estas experiencias proporciona el indicio más potente a favor de la hipótesis de la existencia de una vida después de la muerte. Como psicólogo que posee un buen conocimiento de la percepción y del funcionamiento del cerebro, me parece muy claro que todos los intentos realizados hasta el momento para reducir estas experiencias a simples productos de mecanismos psicológicos o neurológicos están muy lejos de la realidad. Ningún mecanismo conocido hasta el momento puede explicar las EMI, las VSCD espontáneas e inducidas y las visiones en el momento del fallecimiento.»

¿Cómo se explica que una percepción que solo dura unos segundos, a lo sumo unos minutos, tenga un impacto tan fuerte sobre las personas?

«Cuando perdemos a un ser querido, sentimos un intenso sentimiento de ruptura, de desconexión. Pienso que esta es la causa de nuestra profunda tristeza. Con la terapia de CDMI, en primer lugar tratamos y reducimos la tristeza. Después, la VSCD inducida establece un intenso sentimiento de reconexión que disminuye todavía más la sensación de ruptura y la tristeza residual. El sentimiento que se asocia con mayor frecuencia a esta experiencia es la alegría.

Además, las VSCD inducidas parecen producirse fuera del tiempo lineal. Le pondré un ejemplo. Me encontraba trabajando con un paciente mediante el uso de los movimientos de los ojos para inducir un estado de receptividad. Cerró los ojos y después los abrió al cabo de unos tres segundos. De entrada, me dije que la preparación no había funcionado, pero mi paciente se puso a contar una VSCD muy larga y compleja. Cuando le pregunté al paciente cuánto tiempo pensaba que había estado con los ojos cerrados, me respondió: "Dos o tres minutos". Evidentemente, es similar a la revisión de la vida que puede formar parte del desarrollo de una experiencia de muerte inminente y durante la cual las personas piensan que han revivido cada instante de toda su vida, o bien instantáneamente, o bien durante un tiempo muy breve.»

Como Botkin ha dicho, como psicólogo y en el marco de su trabajo terapéutico, no comparte sus convicciones personales con sus pacientes. En efecto, sería a la vez poco profesional e inapropiado. Sin embargo, como persona privada y con las miles de VSCD que se han producido durante las sesiones realizadas por él, se puede suponer que su sistema de creencias se ha visto influenciado por estos acontecimientos. ¿Qué nos puede decir de esto?

«Me parece que ya lo he mencionado antes, mi preocupación es la curación. Desde hace veinticinco años, trabajo con pacientes que han vivido horrores inconcebibles. Dispongo de una terapia que cura a estas personas en profundidad. Es sencilla, funciona con todo el mundo y no importan sus creencias. Ahora disponemos de trabajos de investigación que lo apoyan. Aunque comprendo que la existencia de una vida después de la muerte quizá es la cuestión más importante a la que nos enfrentamos todos, me encuentro en una postura diferente. Sabría lo que quiero decir si hubiera pasado los últimos veinticinco años de su vida escuchando a personas que sufren como consecuencia de pérdidas trágicas y de traumas. Es mi trabajo escuchar a estas personas, es lo que mejor hago.

Durante una de mis conferencias, alguien me preguntó:

—Muy bien, doctor, ¿cree usted que estas experiencias del más allá son auténticas experiencias espirituales?

Le respondí:

—¿Por qué me pregunta esto a mí? Solo soy un psicólogo. Si quiere una opinión realmente experta, debería hacer esta pregunta a una persona que hubiera vivido esta experiencia.»

Te propongo ahora descubrir las VSCD que se producen espontáneamente en otro contexto terapéutico, durante las sesiones de respiración holotrópica.

Entrevista con Vincent Liaudat

Vincent Liaudat es médico psiquiatra y psicoterapeuta. Paralelamente a una formación universitaria en psiquiatría y en psicoterapia, estudió psicología transpersonal en Suiza, Francia y Estados Unidos. Dispone de un título de especialista en respiración holotrópica[82] y trabaja en una consulta privada en Lausana, Suiza, después de haber trabajado durante más de diez años en una institución psiquiátrica universitaria donde era jefe de clínica y responsable de investigación.

En su práctica de psiquiatra, Liaudat utiliza la respiración holotrópica. Me interesé por saber cómo funciona, cuál es el objetivo de esta terapia y cuáles son las expectativas de sus pacientes. También quise saber en qué contexto patológico la utiliza.

---

82. El trabajo de respiración holotrópica, un método de exploración del yo y de expansión de la conciencia, utiliza el poder de la respiración y la música para franquear las barreras habituales de la percepción. Provocaría la entrada en un estado de conciencia alterada que permitiría a la mente cambiar de forma de funcionamiento. Según el doctor Stanislav Grof, el psiquiatra que puso en marcha este método, el simple hecho de encontrarse en este estado alterado suscitaría una actividad terapéutica espontánea.

«En mi práctica, integro sesiones de respiración holotrópica durante una psicoterapia. Esto significa que una parte de las sesiones se desarrollan cara a cara, de manera verbal, y otras se desarrollan en posición tumbada con modificación de la respiración. La respiración holotrópica es un procedimiento que pretende modificar la amplitud y la intensidad respiratoria con el objetivo de obtener una modificación del estado de conciencia. Algunos estados de conciencia, que podríamos calificar de "no ordinarios", permiten acceder a campos que llamamos "transpersonales"; es decir que se considera que emanan de una parte de uno mismo que no está regida por el ego, puesto que el ego se considera una función del psiquismo que rige el nivel personal.

Las indicaciones para añadir sesiones de respiración holotrópica durante una psicoterapia verbal son múltiples: sensibilidad propia del paciente al campo transpersonal, búsqueda de un plano de integración de una experiencia transpersonal previa, desfocalización de la atención ordinaria, abordaje diferente del campo defensivo, proceso psicoterapéutico en ciernes, acceso a la introspección cognitiva limitada o agotada.

En el fondo, la indicación de sesiones holotrópicas se plantea menos en una situación patológica que en una situación de proceso psicoterapéutico.

La principal expectativa de los pacientes a los que he propuesto este tipo de sesiones es descubrir el procedimiento y abrirse a él. Conviene saber que la mayoría de los pacientes que se han beneficiado en mi consulta de sesiones holotrópicas de forma individual son "novatos" en cuanto a las inducciones de estados de conciencia modificados. Por lo tanto, supongo que sus expectativas dependen sobre todo de la manera en que les propongo el proceso.»

Durante una sesión de respiración holotrópica, se produce un acontecimiento inhabitual. Le pedí a Liaudat que me describiera este episodio.

«Para la sesión de respiración holotrópica en cuestión, una de mis pacientes me comunicó su propósito de ponerse en contacto con su hermano, que acababa de fallecer. Esta intención me la comunicó de manera espontánea y no era una indicación terapéutica por mi parte. La víspera había soñado con su hermano y en el sueño estaba en una habitación con otras personas (en particular, su prima, que acababa de fallecer). Su hermano pasó y dijo que se iba a descansar y desapareció. La prima se volvió hacia la paciente y le dijo que su hermano había ido a descansar.

Durante el proceso de la respiración, la calidad de la atmósfera de la habitación cambió en un momento determinado. Apareció una quietud, con una sensación de que la vibración del aire se había vuelto más fina, tranquila. La paciente estaba muy serena. Había densidad y, al mismo tiempo, ligereza. Yo también me sentía sereno, y mi experiencia interior me indicaba que había un contacto con una energía de un difunto.»

¿Cuál fue la reacción de esta paciente? ¿Cómo integró esta experiencia?

«La paciente estaba tranquila y muy serena en aquel momento. Solo era perceptible un ligero movimiento de la mano. Al final de la sesión, le dije que había advertido que había tenido un contacto intenso con su hermano difunto. Le sorprendió aquella observación. No esperaba que su experiencia fuera perceptible desde el exterior. Después, me contó su experiencia de contacto de manera sencilla y distendida, como si fuera natural. La tranquilizaba el hecho de haber tenido un contacto con su hermano. Apareció ante ella y le dijo que estaba bien y que iba a descansar. El movimiento de la mano era el de una mano que dice "adiós". Desde entonces, la paciente ha conseguido aceptar el hecho de que su hermano haya fallecido y puede hablar de ello con otras personas. Esta experiencia también ha favorecido mucho el vínculo y la confianza entre ella y yo.

Pienso que las personas que viven una experiencia de conciencia sutil, extraordinaria, necesitan que su terapeuta sea abierto. "Abierto" no significa solo que acoja esta experiencia como una experiencia propia de la persona, sino como un fenómeno propio de la conciencia humana que se manifiesta en contextos no patológicos. Ante un terapeuta cuya cultura profesional no comprenda el estudio y el conocimiento de este campo particular del alma humana existe el riesgo de que un fenómeno de conciencia extraordinaria se considere patológico.»

¿Sabía el doctor Liaudat si su paciente creía en la existencia de una vida después de la muerte antes de haber experimentado esta VSCD?

«No de manera explícita. Se limitó a mencionar que realizaba plegarias cristianas y estaba abierta a otras ideas espirituales. Más tarde, durante la terapia, la paciente mencionó que había visto pasar una sombra por delante de ella justo antes de la llamada telefónica que le anunciaba el fallecimiento de su hermano. Evidentemente, estaba sujeta a experiencias sutiles de conciencia alrededor de la muerte.»

¿La VSCD modificó el sistema de creencias de la paciente? ¿Cuál es actualmente su opinión sobre el tema de la vida después de la muerte?

«Efectivamente, así fue. El hecho de tener en cuenta el o los contactos *post mortem* facilitó la integración de los mensajes que recibió y permitió una transformación más general a nivel espiritual; en particular, con una nueva concepción de la muerte. Experimentó un reforzamiento de los vínculos interiores con su hermano fallecido, como si una muerte no fuera un final sino un paso para ir a descansar. Tenía necesidad de obtener un mensaje del más allá y de saber que allí su hermano estaba bien.»

¿Qué impacto tuvo la VSCD sobre su tristeza debida al fallecimiento de su hermano?

«La paciente pudo superar la negación parcial del fallecimiento y dejar constancia de ciertos comportamientos respecto a su hermano de los que se sentía culpable. Incluso cuando su hermano lo mencionaba, ella había evitado hablar con él sobre el tema del riesgo de muerte. Pudo visitar por primera vez la tumba de su hermano y ver a su familia. Tranquilizada al saber que su hermano estaba descansando, pudo abandonar la inquietud que sentía por su alma. La tristeza desapareció rápidamente para dar paso a una sensación serena de conexión llena de plegarias interiores.»

Le pregunté si sabía si otras pacientes habían experimentado VSCD durante una sesión de respiración holotrópica.

«Sí, pero no conozco el número concreto de casos en la práctica de la respiración holotrópica en general. Tengo conocimiento de algunos casos esporádicos de VSCD en respiración holotrópica de grupo en el caso de mujeres que han sufrido interrupciones del embarazo. Han podido integrar y finalizar el proceso de duelo relacionado con la interrupción del embarazo (voluntaria o no voluntaria), incluso años después.

Entre mi clientela se produjo otro caso de VSCD, de manera muy similar al caso ya mencionado. Durante una psicoterapia, con motivo de una sesión de respiración holotrópica, otra paciente experimentó también un encuentro con el alma de su hermano fallecido muy recientemente. Esta vez, mencionó en la sesión el hecho de que estaba en contacto con su hermano. También en este caso, la paciente describió de manera natural este fenómeno y no puso en duda el hecho de que el alma de su hermano difunto se hubiera manifestado ante ella. Ahora bien, en mi consulta, fui testigo de una VSCD en dos ocasiones.»

Así pues, dos de los pacientes del doctor Liaudat experimentaron una VSCD o una experiencia similar. Sobre el número total de sesiones de respiración holotrópica realizadas en el marco de sus actividades terapéuticas, ¿se trata de un porcentaje ínfimo?

«Sí, efectivamente —me confirma—. Considero que se produce entre un 1 y un 2% en las sesiones de respiración holotrópica individuales.»

Me interesé por su reacción ante la aparición de estas VSCD. ¿Estaba sorprendido? ¿Conocía el fenómeno de las VSCD previamente?

«Conocía este fenómeno, a la vez por el relato de personas de mi entorno y en mi consulta y porque conocía el libro de Allan Botkin. En realidad, el fenómeno no me sorprendía. Me sorprendió más la repetición de la VSCD, dos veces seguidas, primero en sueños y después durante la respiración holotrópica en la paciente mencionada anteriormente.[83] También me llamó la atención la manera muy natural que manifestó la paciente de integrar esta experiencia.»

¿Cómo integró la aparición inesperada de las VSCD en las sesiones terapéuticas de estas dos pacientes? ¿Es concebible para él utilizar la respiración holotrópica con el objetivo de aligerar la tristeza del duelo de estos pacientes? ¿Habla de ello con las personas que acaban de perder a un ser querido, o no se ha dado el caso?

«La integración de las VSCD se produce durante la psicoterapia, pues las sesiones de respiración están incluidas en este proceso. Pienso que la apertura del psicoterapeuta a la existencia de este fenómeno es importante, no solo en el sentido de la acogida de la persona en su experiencia, sino también en el sentido del apoyo y para dar cuerpo a cierta realidad de estos fenómenos de conciencia sutiles. Estoy dispuesto a proponer este tipo de psicoterapia a otras personas en duelo, pero de momento no se ha presentado la ocasión.»

---

83. Vincent F. Liaudat, «From Head Trauma to Contact with Dead», *Integral Transpersonal Journal*, 5 de abril de 2014, pp. 96-105.

Como ha mencionado el doctor Liaudat, conoce la terapia de CDMI creada por Allan Botkin. Las primeras VSCD surgidas en esta terapia se produjeron completamente por casualidad, como ocurrió en el caso de las pacientes de Liaudat. ¿Suscribe la hipótesis de que las VSCD constituyen un fenómeno natural que puede producirse en diferentes contextos (espontáneamente, por canalización con médium, etc.) y que los medios utilizados —en nuestro caso, la DRMO o la respiración holotrópica— no son más que «desencadenantes»?

«Creo que las VSCD pueden producirse en diferentes contextos. En mi experiencia profesional, hablo de contactos subjetivos con familiares o amigos fallecidos y pienso que este fenómeno es natural. Existen numerosos tipos de contactos entre dos seres humanos que viven una conexión intensa (espiritual, amorosa, sexual, de transmisión). Más allá de los océanos, algunas personas pueden percibir lo que le ocurre, en un momento determinado, al ser querido, sobre todo si vive una experiencia intensa. Estos fenómenos a menudo se interpretan como la intuición y se consideran como naturales. Pienso que las VSCD forman parte de este registro de experiencias humanas.

La canalización es un caso diferente, puesto que el médium no conoce a la persona difunta. Se trata de un fenómeno que tiende a mostrar que el difunto se manifiesta, en este caso, más bien "del exterior".»

¿Significa esto que Liaudat considera las VSCD directas y espontáneas —sin la intermediación de un médium— más bien como manifestaciones «interiores», generadas por el psiquismo, que, por lo tanto, no procederían de los difuntos?

«No, no necesariamente. Un contacto subjetivo con un difunto sin la intermediación de un médium puede proceder de una fuente psicológica o energética del corazón de la persona en duelo, pero también puede proceder de una fuente exterior. Para mí, es difícil saber en qué medida interviene la influencia interior o exterior del fenómeno. En los dos casos manifestados en mi consulta, tengo tendencia a decir que, en la experiencia de mi primera paciente, el fenómeno era de fuente esencialmente exterior. Debido al cambio palpable en la atmósfera. En el segundo caso, el cambio también se produjo en el aspecto vibratorio, pero estuvo más centrado alrededor de la paciente, en lugar de en el conjunto de la habitación. Pienso que esta experiencia probablemente dependía más de la influencia de una fuente interior. No obstante, ambas pacientes experimentaron un contacto con un difunto y no una ilusión o una proyección interior.

Soy muy consciente, al responder a su pregunta, de que mis argumentos solo son intuiciones y de que resulta muy difícil, al valorar los fenómenos de conciencia sutiles, saber dónde están las fuentes de los fenómenos. Evidentemente, esto va directo al centro de la concepción que tenemos del mundo.

Sé también que algunas personas que experimentan una VSCD reciben mensajes sobre cosas que no conocen, mensajes que después se comprueban. Estos casos se parecen a los casos de contacto con un difunto a través de un médium.»

¿La hipnosis podría ser otro medio de desencadenar una VSCD? ¿Qué piensa Liaudat de esto?

«Pienso que dependerá de la técnica de hipnosis utilizada y del hipnoterapeuta. Una experiencia en estado de conciencia modificado depende de cuatro factores: la técnica utilizada, el tipo de contexto en el que se desarrolla la sesión, la calidad y la experiencia del terapeuta y el estado del paciente (sus recursos y sus defensas). Pienso también que una sesión de respiración holotrópica no solo induce lo que se llama "un estado holotrópico", sino otros estados similares que, a veces, son más susceptibles de manifestarse con otras técnicas. En este sentido, no me cuesta imaginar que las VSCD también emerjan bajo hipnosis. Pienso que el poder de curación y de alivio natural del ser humano está dotado de creatividad y sentido común. En este sentido, no se manifiesta forzosamente de manera lineal o esperada mediante una técnica de terapia determinada.»

Finalmente, le formulé al doctor Liaudat la pregunta sobre la autenticidad. ¿Considera usted que las VSCD son «reales» o se trata más bien de ilusiones? ¿Alucinaciones? ¿Fenómenos autogenerados? ¿Compensaciones inconscientes debidas a la tristeza del duelo? Su respuesta fue prudente.

«Por mi parte, me inclino por la hipótesis de que ambas opciones, con respecto al origen del fenómeno de las VSCD, son posibles. En algunos casos, el fenómeno surge del material psicológico, es decir, generado directamente por la persona. En otros casos, creo que la VSCD es una experiencia de conexión con el campo de conciencia del difunto. No obstante, toda experiencia íntima se manifiesta en el seno de la conciencia de la persona, y por lo tanto está impregnada de la propia persona aunque un campo exterior se manifieste con una cierta autonomía. A veces, resulta difícil saber si la fuente del fenómeno está sobre todo en un campo exterior o en el interior. Es posible que se trate también de un gradiente y que cada experiencia sea el resultado de una combinación de una influencia interior y exterior, a veces con una menor influencia, incluso nula, del interior o del exterior. Por ejemplo, un médium que canaliza el mensaje de un difunto para un familiar o amigo, un mensaje que hace referencia a un elemento desconocido por esta persona, es una experiencia sobre todo influenciada por el exterior.»

Mi última pregunta al doctor Liaudat era de tipo más personal. Le pregunté si la aparición de una VSCD en sus dos pacientes había tenido algún impacto sobre su sistema de creencias.

«En efecto, estos acompañamientos terapéuticos con VSCD han modificado mis creencias y mi experiencia terapéutica. Mi práctica, que puede incluir un trabajo en los campos espirituales, ya me había mostrado el importante potencial que puede ofrecer la inclusión del campo transpersonal. Con las VSCD, me ha sorprendido el impacto terapéutico fuerte e inmediato. Pienso que las experiencias de VSCD afectan y hablan directamente al corazón. Y el corazón es un poderoso centro integrador y liberador.»

6

Reflexión sobre la dimensión social del duelo y de la muerte, aquí y en otros lugares

La muerte es un tema tabú en las sociedades occidentales, un tema que cae como un jarro de agua fría cuando surge en una velada entre amigos. ¿Por qué? ¿Cómo hemos llegado a esta situación? En realidad, es un tema que afecta al 100% de los seres humanos, el único acontecimiento común que nos espera a todos al final del camino.

Es cierto que muchos de nosotros tenemos nuestra propia experiencia de la muerte, pues unos hemos perdido a nuestros abuelos, otros a un amigo o a un hermano, quizá a nuestra pareja. Cuanto más avanzamos en edad, más se multiplican los fallecimientos en nuestro entorno, por las circunstancias. Sin embargo, solo tenemos experiencias puntuales si alguna vez hemos asistido a un fallecimiento, lo cual no ocurre habitualmente, pero nos falta una información más completa. Cada muerte es diferente, valiosa en su unicidad, aunque triste o espantosa de observar a veces, al menos en apariencia. Kenneth Ring, profesor emérito de Psicología de la Universidad de Connecticut, Estados Unidos, y pionero de la investigación sobre las experiencias de muerte inminente, se ha pronunciado sobre la vivencia interior y la observación exterior del proceso de morir basándose en los innumerables testimonios de EMI recogidos y analizados a lo largo de decenas de años.

He aquí sus declaraciones en una entrevista que mantuve con él:

«Lo que vemos al observar a una persona moribunda es una verdad a medias, porque se deja de lado una parte esencial: no se tiene en cuenta la vivencia interior. Joseph Campell ha escrito lo siguiente: "Vista desde el exterior, la muerte parece horrible, pero vista de cerca, tiene el rostro de una persona amorosa. Es el rostro de una persona amorosa que lo abraza todo y lo acepta todo". Esto es algo que no vemos cuando observamos la muerte desde la posición exterior del observador. Sin embargo, cuando experimentamos el proceso de la agonía, la muerte, que antes nos parecía una enemiga, se transforma en una amiga bienvenida. Para comprender de veras qué es la muerte, lo que nos puede enseñar no solo respecto a la muerte sino también respecto a la vida, para comprenderla, debemos tener en cuenta estas dos perspectivas. Es imposible negar que el aspecto físico de la muerte sea feo, degradante y, a menudo, repulsivo, pero no debemos dejarnos cegar por esta faceta de la muerte, que oculta la verdadera cara interior, que es bella y sublime. Debemos tener en cuenta ambas perspectivas para llegar a una auténtica comprensión».[84]

Es un primer elemento importante a tener en cuenta: la vivencia interior del moribundo no se corresponde con lo que observamos. Los moribundos que han tenido una visión se han liberado instantáneamente del miedo a la muerte y han quedado impregnados de lo que parecía ser una serenidad e incluso una alegría anticipada ante lo que les esperaba. Quienes han experimentado una EMI relatan experiencias tan deslumbradoras que estaban dispuestos a renunciar a la vida para poder permanecer en este estado de felicidad. Se desprende claramente de estos testimonios que la vivencia interior de los moribundos o de las personas que se encuentran provisionalmente en el umbral de la muerte no justifica en absoluto el pavor o la piedad generados por la observación de una persona en agonía. La tristeza es otra cosa, es inevitable porque está causada por la pérdida del ser querido, pero hay que ser consciente del

---

84. Evelyn Elsaesser-Valarino, *Al otro lado de la vida, explorando el fenómeno de la experiencia ante la cercanía de la muerte*, Madrid, Ediciones Internacionales Universitarias, 2000, p. 158.

hecho de que, en realidad, estamos tristes *por nosotros* y no por quienes han partido. Esta distinción es esencial, es el primer paso hacia un trabajo de duelo constructivo y sano.

Como hemos visto en varias ocasiones, las personas que se encuentran al final de la vida y tienen visiones no se sorprenden de lo que experimentan. Acogen a sus visitantes invisibles con naturalidad y felicidad. Sin embargo, sus familiares o amigos pueden reaccionar a estas descripciones con incomprensión, o incluso con incredulidad, solo por falta de conocimientos. Por otra parte, quizá que algunos moribundos prefieran guardarse sus visiones para ellos, para no preocupar a sus familiares o amigos, o para evitar explicaciones para las que tal vez les falten fuerzas. Un conocimiento previo y compartido evitaría estas lamentables situaciones y favorecería compartir este último episodio, lo cual es tan beneficioso para unos como para otros.

Podemos suponer que algunos fenómenos —por ejemplo, la forma o la sombra que a veces se describe como abandonando el cuerpo en el momento del fallecimiento— pasan desapercibidos, simple y llanamente porque no estamos preparados para ellos. Es bien sabido que todos tenemos tendencia a ver solo lo que esperamos ver y en esto es en lo que centramos nuestra atención. Una sólida información sobre todo lo que *puede producirse* en el momento del fallecimiento sin duda aumentaría las probabilidades de percibir estos diferentes fenómenos.

En las páginas anteriores hemos visto de forma detallada hasta qué punto es doloroso y frustrante para los receptores de una VSCD toparse con el escepticismo, e incluso con el rechazo, cuando comparten su vivencia con personas de su entorno. Se sentirían muy aliviados si sus interlocutores ya estuvieran al corriente del fenómeno de las VSCD y escucharan su experiencia con conocimiento de causa, sin que ello suponga que deban adherirse a ella. Un conocimiento compartido de este fenómeno muy corriente, pero paradójicamente muy poco conocido, aportaría un lenguaje común, a la vez que dejaría a cada uno la libertad de entenderlo según su propia sensibilidad.

Los beneficios de una «educación» sobre el tema de los fenómenos que se producen o pueden producirse alrededor de la muerte son evidentes, no solo a la hora de afrontar un fallecimiento y un duelo, sino también ante nuestra propia finitud. De manera ideal, esta reflexión debe continuar a lo largo de toda nuestra existencia, porque, evidentemente, es más fácil reflexionar sobre la muerte cuando todo va bien, en lugar de verse obligado a ello ante la urgencia de un duelo o de un veredicto médico desfavorable.

Educación sobre el tema del duelo y de la muerte

¿Cómo se puede educar sobre el tema de la muerte? El profesor australiano Allan Kellehear, sociólogo médico y titular de la cátedra de Cuidados Paliativos de la Universidad de Bradford, Inglaterra, ha dirigido una importante investigación sociológica y sociopsicológica acerca de la experiencia humana del proceso de morir y ha desarrollado modelos de salud pública para la asistencia de los pacientes al final de la vida, de las personas en duelo y del personal sanitario.

Kellehear ha diseñado un programa de educación sobre el tema de la muerte que se dirige principalmente, pero no de manera exclusiva, al personal sanitario. Veamos algunos aspectos de su programa.

Favorecer la normalización de la muerte y del duelo. Para alcanzar este objetivo, es esencial relacionar la experiencia individual del fallecimiento de un familiar o amigo y del duelo con la de otras personas. Es importante un intercambio de experiencias para reducir la sensación de aislamiento, sobre todo cuando la experiencia ha sido especialmente triste o traumática, así como para prevenir los sentimientos de culpabilidad o de injusticia que pueden aparecer. Al inscribir la experiencia personal traumática o triste en un contexto más amplio, se evita la convicción dolorosa de que somos los únicos que sufrimos esta prueba.

Kellehear da pistas para sacar esta problemática del ámbito médico.

«Para las personas que no son profesionales de cuidados al final de la vida, por ejemplo en las escuelas, un acto escolar anual dedicado a una política de la muerte, del morir y del duelo puede tener el mismo objetivo. Los padres, los profesores y los alumnos pueden crear una guía escolar o un documento de protocolos que permita a estos tres grupos debatir y desarrollar respuestas prácticas ante las experiencias de muerte y de duelo en la comunidad escolar. A medida que se acumulen las experiencias reunidas de año en año, la guía se convierte en un documento vivo que contiene todos los conocimientos prácticos de esta comunidad. Así, la muerte y el duelo se convierten en parte ordinaria del trabajo escolar, del mismo modo que la salud o la seguridad.»[85]

Minimizar la ansiedad personal y comunitaria. Kellehear constata que las poblaciones suelen enfrentarse poco a la muerte y al duelo y que estas experiencias se producen relativamente tarde en su vida. Debido a esta exposición tardía y restringida, el conocimiento y la información son limitados, la comprensión es mediocre y las reacciones, a menudo, no son óptimas. Una educación sobre el tema de la muerte puede remediarlo, estima Kellehear.

«Si se ofrecen oportunidades de información y de discusión a lo largo de la vida, en la escuela, en el trabajo, durante las actividades de ocio o en las redes sociales, la gente podrá aprender ampliamente sobre las realidades de la muerte y del duelo mucho antes de que estos acontecimientos o experiencias la afecten personalmente. Por otra parte, estas oportunidades le permiten explorar, discutir y contextualizar sus propias experiencias con el apoyo de otras personas y con la ayuda de informaciones que sobrepasan su propia experiencia anterior limitada.»[86]

Kellehear añade que, aparte de la escuela, el lugar de trabajo, las iglesias y los templos, los medios de comunicación desempeñan un papel en la educación pública sobre la muerte. La televisión, la radio, los

---

85. Allan Kellehear, «Death Education as a Public Health Issue», Judith M. Stillion y Thomas Attig (dir.), *Death, Dying and Bereavement: Contemporary Perspectives, Institutions, and Practices*, Nueva York, Springer, 2015, p. 223.

86. Allan Kellehear, «Death Education as a Public Health Issue», art. cit., p. 226.

periódicos y las revistas, así como las páginas web, son para él soportes privilegiados.

Maximizar un sentimiento informado de esperanza y de control: el conocimiento es el poder y refuerza el dominio.

«Aunque el proceso de morir, la muerte y el duelo sean certezas en la vida de todos nosotros —escribe Kellehear—, lo que ocurre en el marco de estas experiencias es incierto. El proceso de morir puede ser difícil, pero aun así constituir una experiencia social enriquecedora, o puede ser solo una experiencia de abandono y de sufrimiento. Cuando morimos, quizá vamos a un lugar mejor en el más allá o quizá perdemos toda conciencia y nos convertimos en combustible para los gusanos. La pérdida de un ser querido genera tristeza, y la tristeza puede destruir una vida o redirigirla, consolidarla e inspirarla. Aunque el desenlace de nuestra vida sea seguro, los procesos relativos a la misma no lo son. Todo es posible, tanto lo mejor como lo peor. La educación para la muerte ofrece una oportunidad para explorar el empleo positivo de la incertidumbre, porque la experiencia de la incertidumbre hace posibles las oportunidades de esperanza y de control.

Así pues, no solo la información es importante en la educación para la muerte, sino la participación, la implicación incluso en el proceso de exploración, de evaluación y de toma de posición, el hecho de emitir nuevas ideas y de llegar a nuevas conclusiones para uno mismo. Esto es lo que la educación para la muerte puede aportar y este aspecto puede liberar a las personas de la postura pasiva de "víctimas" de una información parcial del proceso de morir, de la muerte y del duelo que las hace vulnerables al mito, a la deformación de los hechos y a los malentendidos. La educación para la muerte en el marco de la escuela, el lugar de trabajo o las actividades de ocio permite una consideración activa de la información desde diversos ángulos, a través de conversaciones de grupo y mediante el aprendizaje, pero, más importante todavía, mediante el hecho de la participación, un proceso que favorece un sentido de control y, con ello, el dominio de la propia ignorancia y angustia. Así pues, uno de los objetivos —y beneficios— principales de salud pública de la educación para la muerte es el enfoque participativo del aprendizaje, que conduce a la apropiación personal de este aprendizaje. [...] La educación para la muerte como tema de salud pública es participativa.»[87]

Dejo aquí la presentación de algunas de las numerosas pistas propuestas por Allan Kellehear para una educación para la muerte inclusiva, participativa y eficiente, presentadas desde una perspectiva sociológica. Sea cual sea el ángulo elegido, es cierto que una educación para la muerte es tan útil como necesaria para el bienestar de todos.

Entrevista con Natalie Tobert – consideración de las VSCD en otras civilizaciones

Aunque en el marco de esta obra no puedo profundizar en el tema, quisiera dar una idea aproximada del modo en que algunas culturas no occidentales abordan el tema de la muerte y de los contactos con los difuntos. Para ello, me he entrevistado con la doctora Natalie Tobert, una antropóloga médica británica que ha realizado numerosas investigaciones sobre el terreno, en la India y en África. Su investigación más reciente sobre una manera diferente de abordar la salud mental la condujo a dialogar con psiquiatras, pacientes, jefes espirituales y clarividentes en la India y en Gran Bretaña. Los resultados de esta investigación se han publicado en *Spiritual Psychiatries*.[88]

En primer lugar, quise saber cómo consideran la muerte otras civilizaciones.

---

87. Allan Kellehear, «Death Education as a Public Health Issue», art. cit., p. 227.

88. Natalie Tobert, *Spiritual Psychiatries: Mental Health Practices in India and UK*, Aethos, 2014.

«En los países no occidentales, la muerte se considera como formando parte de la vida. Por ejemplo, en la India, antes del enterramiento o la cremación el cuerpo se expone y se cubre de flores, a la vista de todos. Los hindúes creen en la reencarnación, así que, aunque puedan llorar a su difunto, están convencidos de que se "reciclará" y se reencarnará. En África, los antepasados están integrados en la vida cotidiana y, en las aldeas, se les reserva un lugar en la zona donde vivían.»

¿Existe una «educación» sobre el tema de la muerte en estas civilizaciones?

«Lo dudo. No creo que este tipo de educación fuese necesaria, pues tanto los niños como los adultos se enfrentan a la muerte de manera más natural que en los países occidentales. La muerte no se oculta. En las zonas rurales africanas, la gente tiene tendencia a creer que la muerte se produce como resultado de una brujería. En África occidental, la muerte se simboliza con esculturas o máscaras que representan a los difuntos. Mediante ceremonias públicas, un *danzante enmascarado* invoca a los espíritus de los antepasados. Los espíritus de los seres humanos pueden atormentar a los vivos y deben calmarse. Los espíritus están en todas partes, en las personas, las plantas, las piedras…, y las esculturas establecen un vínculo con su mundo.»

Pregunté a Tobert cuál era la relación de parentesco con los difuntos que se percibían durante las visiones. Los «antepasados» mencionados a menudo en África, ¿son los padres o los abuelos de la persona que tiene la experiencia o pertenecen a generaciones más lejanas?

«Ellos incluyen en la palabra "antepasados" a todos los difuntos que se veneran en el grupo. Los africanos no distinguen, como hacemos nosotros, entre los pertenecientes a su familia y los otros. Para ellos, todos los miembros de su comunidad forman parte de su familia, sea cual sea la generación a la que pertenecían y sean cuales sean sus relaciones de parentesco.»

Me interesé por saber si las visiones en el momento del fallecimiento y los contactos espontáneos con los difuntos se consideraban como experiencias «inhabituales» en África y en la India.

«En mi opinión, no existe un equivalente de experiencias "inhabituales" en estos pueblos. Sobre todo en África, las visiones se consideran experiencias naturales y normales, salvo si las personas están muy occidentalizadas y han sido educadas desde una óptica de la "enfermedad mental" y de la farmacología. En particular en el África rural, en caso de fallecimiento de un ser querido estas comunicaciones visuales o auditivas son deseadas y esperadas. Es totalmente normal ver a los difuntos, puesto que todo existe en espíritu. Las personas saben que estos contactos son reales. Para ellas, no existe ninguna "otra dimensión", ocurre aquí, entre nosotros, ahora, en el marco de nuestra vida cotidiana. La dualidad no existe. Los antepasados fallecidos viven con nosotros, en este mismo momento. Por otra parte, los familiares suelen velar al moribundo para captar sus últimas palabras proféticas.

Algunos pueblos indígenas americanos observan atentamente su medio natural en busca de visiones, con las que desean ser gratificados.

En la India, es un poco diferente, pues los contactos suelen producirse a través de intermediarios; por ejemplo, de sacerdotes.

En Occidente, llamamos a estos contactos "comunicaciones después de la muerte" porque nos parecen insólitos e inhabituales. La autenticidad de estas experiencias solo se pone en duda en los países occidentales. Dado que menos personas tienen este tipo de experiencias, estas no se conocen bien. La razón es quizá que hemos enfriado nuestra sensibilidad para este tipo de fenómenos. Por otra parte, en Occidente tenemos tendencia a considerar estas visiones como la expresión de una enfermedad, mientras que algunos pueblos buscan deliberadamente su aparición.»

¿Cómo se integran estas visiones en los sistemas de creencias de estos pueblos?

«Los habitantes de África y de la India consideran estos contactos como beneficiosos, pero, si el espíritu de un antepasado es malévolo, entonces necesitarán rezar unas plegarias para invitarlo a partir. Entre los hindúes, para quienes la reencarnación forma parte de su sistema de creencias, sería normal, aunque perturbador, percibir a los espíritus de los difuntos inquietos. Estos difuntos necesitarían que se rezara por ellos para elevarlos hacia el mundo de los espíritus.»

Así pues, ¿los difuntos solo se manifestarían si están inquietos? Los que están en paz, lo cual quizá significa que su muerte fue dulce, ¿no se aparecerían a los vivos?

«Los difuntos pueden manifestarse en todo momento y en cualquier circunstancia a los que son suficientemente sensibles para verlos. Una "mala muerte" es una muerte súbita, inesperada y sin plegarias. Los espíritus estarían inquietos si su muerte hubiera sido traumática o causada por un accidente, o si no se hubiera enterrado su cuerpo. Esto vale tanto para la India como para África. Una "buena muerte", en cambio, es una muerte previsible, sobre todo debida a la edad avanzada, y una muerte que ha sido honrada con plegarias.»

La gran mayoría de los testimonios presentados en los capítulos anteriores describían difuntos benevolentes que se manifestaban a sus seres queridos para asistirlos y reconfortarlos. Sin embargo, en África, a menudo se trata de espíritus malévolos a los que debe alejarse para impedir que molesten a los vivos. Es una diferencia fundamental. ¿Qué piensa Tobert de esto?

«No estoy de acuerdo con esta afirmación. Si alguien muere súbitamente o si su cuerpo no se ha podido enterrar, como puede ocurrir en tiempos de guerra, y si, como consecuencia de ello, su muerte no se ha podido acompañar de plegarias, entonces este difunto estará inquieto y quizá influirá sobre la salud mental de sus seres queridos. Esto no es específico de África, puede ocurrir en cualquier país. En Occidente, cuando las personas ven apariciones benevolentes decimos que estas experiencias son reconfortantes. En cambio, si perciben apariciones hostiles, decimos que estas mismas personas tienen un problema psiquiátrico. Este es precisamente nuestro dilema, interpretamos de forma arbitraria las apariciones de diferentes maneras subjetivas. Los espíritus inquietos son universales. Cada persona que fallece necesita las plegarias de sus seres queridos y, en efecto, generalmente rezamos por nuestros muertos.»

¿En qué medida los contactos con el mundo invisible ayudan a gestionar la tristeza del duelo?

«Las apariciones son reconfortantes. Apoyan a las personas en su proceso de duelo. Incluso en Occidente, por ejemplo en Gran Bretaña o en Estados Unidos, es habitual que las personas vean o sientan la presencia de su familiar o amigo fallecido.»

Repliqué que estas vivencias eran corrientes sin duda pero no se consideraban (todavía) normales en nuestras civilizaciones. Esta es precisamente la razón por la que quienes las han experimentado tienen tantas dificultades para gestionarlas.

«Aun así, en Occidente, hay muchos chamanes, médiums, clarividentes y otras personas provistas de dones psíquicos capaces de ver a los difuntos. La dificultad reside en los paradigmas tan radicalmente opuestos: quienes no han vivido en persona estas experiencias son incapaces de creer en ellas.»

7
Autenticidad de las VSCD

Llegamos a la pregunta crucial de esta obra: ¿las VSCD son reales? ¿O son más bien alucinaciones? ¿Ilusiones? ¿Fenómenos autogenerados? ¿Compensaciones inconscientes debidas a la tristeza del duelo? ¿Estas experiencias tan reconfortantes son solo fruto de la imaginación de las personas en duelo inconsolables? Debemos plantearnos estas preguntas.

En el capítulo 1, he mencionado que, con Stéphane Allix y otros miembros del INREES, nos decidimos por la denominación de «vivencia subjetiva de contacto con un difunto» por necesidades de la redacción del *Manuel clinique des expériences extraordinaires*. En lugar de hablar de «comunicación» o de «contacto con un difunto», quisimos introducir el adjetivo «subjetivo» en la denominación. En efecto, se trata de una experiencia subjetiva, no reproducible en el laboratorio y difícilmente cuantificable. No es reproducible, porque el método basado en la DMRO creado por Allan Botkin y la respiración holotrópica practicada por Vincent Liaudat, descritas en el capítulo 5, no generan las VSCD, sino que se limitan a inducir un estado de conciencia que facilita su aparición.

Examinemos ahora el estatus ontológico de las VSCD, su autenticidad. Como hemos visto gracias a los relatos de nuestros testigos, la fuerza de estas experiencias es tal que los receptores no dudan de la realidad de su vivencia, aunque pueden desestabilizarse como consecuencia de la misma si el entorno expresa dudas sobre la veracidad de la experiencia. Pero, aparte de la vivencia de las personas que las experimentan, ¿cuál es realmente su estatus ontológico?

¿Las VSCD son alucinaciones?

Las alucinaciones existen, por supuesto. El diccionario *Larousse* las define como la «percepción de un objeto no real» y las caracteriza como sigue: «Tener alucinaciones, ver alguna cosa que los demás no ven, tener visiones». Muchas personas las padecen, pero, justamente, las *padecen*, no *se benefician* de ellas. La diferencia fundamental entre una visión que se produce durante una VSCD y una alucinación reside precisamente en su *impacto*, sus *consecuencias* y, sin duda, en la *intención* subyacente. La *naturaleza* de las visiones también es diferente, pues las VSCD son vivencias coherentes y, en la mayoría de los casos, producen alegría al poner en escena a seres queridos fallecidos, mientras que las alucinaciones «patológicas» asustan, son irracionales y no aportan ningún beneficio a quien las padece.

El doctor Bruce Greyson, profesor de Psiquiatría, director de la Division of Perceptual Studies y del Departamento de Medicina Psiquiátrica de la Universidad de Virginia, trata este tema en una entrevista realizada por Stéphane Allix.

«Muchos pacientes hablan de experiencias religiosas inhabituales. Por ejemplo, pueden haber oído a Dios que les habla. ¿Cómo saber si se trata de una ilusión o no? En realidad, existen diferentes tipos de mensajes procedentes de Dios. Algunos pacientes me asegurarán que Dios se les ha presentado para decirles que debían ser castigados y que esta es la razón de que esa misma mañana se cortaran las venas, porque consideraban que eran intrínsecamente malvados. Para mí, es patológico porque es un comportamiento inadecuado. En consecuencia, si se trata a estas personas considerando que padecen un estado patológico, mediante una psicoterapia o la prescripción de medicamentos antipsicóticos, dejarán de creer en ello y tendrán una vida más productiva. Otras personas me dirán: "Dios me ha hablado hoy, me ha dicho que debo dejar de sentirme afligido por la muerte de mi madre, porque ella se encuentra en un lugar mejor que aquí y todo le va muy bien". Se sienten mejor, están reconfortadas gracias a esta supuesta conversación con Dios. No intentaré quitarles esta experiencia. Si les propusiera una psicoterapia o les prescribiera medicamentos para que dejaran de creer en ello, no funcionaría [...].

La definición de alucinación propuesta por el diccionario (por otra parte, idéntica a la definición médica) es: "Sensación de percibir, cuando no existe nada físico que pueda ser percibido". Pero, de hecho, utilizamos el término "alucinación" de manera bastante libre. Puede significar "percibir alguna cosa que los demás no perciben". Esto describe la alucinación de tipo patológico, cuando no hay nada que percibir, pero también puede describir otros tipos de experiencias que nadie está en condiciones de comprobar. Por lo tanto, a pesar de que la palabra "alucinación" tenga una connotación patológica, a veces se emplea para describir experiencias que no son patológicas. El ejemplo más extendido concierne a las supuestas alucinaciones que se producen en los duelos, en las que el 50% de los viudos o las viudas ven, oyen o sienten al cónyuge fallecido. No sirve de nada calificar estas experiencias de "alucinaciones patológicas". No provocan ningún trastorno, ayudan a quienes las experimentan y, por otra parte, no van acompañadas de ningún otro síntoma de enfermedad mental. Quienes sufren alucinaciones patológicas, que realmente ven cosas inexistentes, muestran con frecuencia —debería decir *sistemáticamente*— otros signos de enfermedad mental, o bien un deterioro de la personalidad, o bien cambios de humor que acompañan a las alucinaciones. Su comportamiento cambia, se embrollan cuando hablan, pierden la noción del tiempo, no saben dónde están, muestran mucha confusión en todo... Una alucinación no aparece en el vacío, sino en un *contexto*, el de un deterioro mental. Esto no es, en absoluto, lo que se observa en las supuestas alucinaciones de las personas en duelo. Estas personas son perfectamente normales, excepto que ven, oyen o son tocadas por familiares o amigos fallecidos. En este contexto, no puede hablarse de "alucinación". Por desgracia, no disponemos de otra palabra, excepto si se utiliza el término religioso "visión" o el término paranormal "aparición", pero no existe un término científico para designar una percepción no compartida.»[89]

Entrevista con Dean Radin

Desde hace más de veinte años, el profesor Dean Radin dirige investigaciones sobre la conciencia en las universidades de Princeton, Edimburgo y Nevada, pero también en el seno del SRI International, donde ha trabajado sobre un programa clasificado que estudia los fenómenos psíquicos por cuenta del Gobierno estadounidense. Es investigador principal en el Institute of Noetic Sciences (IONS) de Petaluma, California, expresidente de la Parapsychological Association y uno de los jefes de redacción de la revista *Explore: The Journal of Science and Healing*.

En primer lugar, pedí a Radin su definición de la conciencia.

«La conciencia comprende el hecho de ser consciente,[90] la sensación, la cognición, la percepción y la memoria. El misterio fundamental subyacente a todos los factores que tienen relación con la mente reside en el primer elemento enumerado: el hecho de ser consciente. ¿Cómo es posible que un pedazo de tejido que pesa poco más de un kilo llamado "cerebro" pueda ser consciente de sí mismo? ¿Se debe solo a la propiedad de sistemas recursivos complejos o la conciencia es una propiedad fundamental del universo? Todavía no lo sabemos, pero muchos investigadores se hacen la misma pregunta y consideran que es muy importante aportar una respuesta, porque, a fin de cuentas, todo lo que sabemos y sabremos en el futuro, sobre cualquier tema, nos llega gracias a la conciencia.»

---

89. Stéphane Allix y Paul Bernstein, *Manuel clinique des expériences extraordinaires*, París, InterEditions – INREES, «Nouvelles évidences», 2013, pp. 146-147.

90. *Awareness*, en inglés.

¿Considera Radin las VSCD como un fenómeno psíquico?

«Sí, al menos en el sentido de que son acontecimientos psicológicamente significativos. Son diferentes de las experiencias convencionales como la telepatía, etc.»

Precisamente, Radin es, sin duda, el investigador que ha realizado más investigaciones en el laboratorio sobre fenómenos psíquicos como la telepatía, la clarividencia y la premonición. En comparación con estos fenómenos, ¿cómo sitúa las VSCD?

«En general, las VSCD son acontecimientos espontáneos que no pueden ser objeto de investigación en el laboratorio y, a diferencia de otros muchos experimentos psi, se asocian a emociones intensas que no pueden simularse.»

Aunque estas emociones no pueden simularse, ¿podrían, aun así, ser fenómenos autogenerados o compensaciones inconscientes debidas a la tristeza del duelo o incluso alucinaciones?

«Esto depende de cada experiencia. Probablemente algunas son coincidencias, otras son errores de percepción, ilusiones o alucinaciones, pero es posible que algunas sean auténticas anomalías.»

Conviene mencionar que, en sus publicaciones, Radin utiliza el término «anomalías» en el sentido de «experiencias extraordinarias», «experiencias inhabituales», etc.

Pregunté a Radin en qué lugar situaría las VSCD si tuviera que clasificar los fenómenos psíquicos por «grado de veracidad».

«No existe *la* vivencia subjetiva de contacto con un difunto; existen numerosos tipos de VSCD y cada uno debe evaluarse por sus propios méritos. Puesto que generalmente no es posible estudiarlas en el laboratorio, situaría las VSCD a un nivel de veracidad más bajo que los fenómenos psicológicos "convencionales".»

Efectivamente, la imposibilidad de estudiarlas en el laboratorio es lo que distingue las VSCD de los fenómenos psi. Al igual que las experiencias de muerte inminente, las vivencias subjetivas de contacto con un difunto solo pueden «autentificarse» a través del efecto que producen en las personas que las experimentan. En efecto, todos los receptores citados en los capítulos anteriores estaban seguros al 100% de que las VSCD que habían experimentado con sus seres queridos fallecidos eran reales. ¿Cómo pueden estar tan convencidos de la autenticidad de la experiencia?

«Porque tienen muchísimas ganas de que estos acontecimientos sean reales y porque a todos nosotros nos resulta muy difícil negar nuestras propias experiencias —responde Radin—. La cuestión importante es si son objetivamente reales, es decir, también reales para las demás personas.»

Es precisamente lo que ocurre con las VSCD compartidas que se producen cuando varias personas reunidas en el mismo lugar perciben simultáneamente un contacto con un difunto. Por ejemplo, ven una aparición, sienten una fragancia característica del difunto, pueden oírlo, etc. ¿Compartir esta experiencia refuerza su credibilidad? O, al contrario, ¿quizá estas personas más bien se influyen unas a otras y crean una especie de ilusión compartida? Radin se inclina a favor de la primera suposición.

«Ciertamente, la percepción compartida hace más creíbles estos acontecimientos. Por otra parte, las ilusiones compartidas, en particular los episodios detallados y precisos, no son habituales.»

¿Qué pensar de las VSCD que *no son* compartidas? Consideremos el caso de varias personas reunidas en un entorno determinado y una sola de ellas percibe al ser querido fallecido, mientras que las otras no se dan cuenta de nada inhabitual. Si las VSCD eran «reales» en un sentido materialista, en buena lógica todas las personas presentes deberían percibirlas. ¿Qué piensa Radin de esto?

«La propia naturaleza de todos los fenómenos psíquicos es la que da lugar a esto. La mayoría de estos acontecimientos son puramente subjetivos y no pueden compartirse. Si una persona puede ver colores en cierto entorno, mientras que todas las demás son daltónicas, se la considerará una persona chiflada. Nuestros sentidos son relativamente similares, pero existen importantes diferencias entre las personas.»

En el caso de las VSCD «prácticas», los difuntos parecen proporcionar una información muy concreta y precisa que los receptores ignoraban. Puede tratarse de ahorros ocultos, de un seguro de vida o de otros documentos que las personas en duelo necesitan con urgencia. Durante estos contactos, se produce una verdadera transferencia de información, puesto que los receptores no poseían esta información antes. ¿Cómo se explica esto?

«Teniendo en cuenta los indicios sustanciales de la existencia de capacidades psíquicas obtenidos mediante la investigación en el laboratorio, es plausible que sean ellos la fuente de esta información; por ejemplo, por clarividencia.»

No obstante, los receptores no conocían esta información, que parecía efectivamente proceder de individuos fallecidos, lo cual implica su capacidad de interactuar con los vivos.

«La información *podría* proceder de personas fallecidas —concede Radin—, pero el concepto de que los difuntos puedan comunicarse con nosotros es una hipótesis. Disponemos de un abundante conjunto de datos que demuestra que las personas vivas pueden obtener información de manera inhabitual, por ejemplo, por clarividencia o por telepatía, pero apenas tenemos datos independientes que demuestren que los difuntos puedan comunicarse con nosotros. Todos los indicios que sugieren algún tipo de supervivencia se remontan, a fin de cuentas, a una persona viva, a la experiencia de un médium, al informe de un vidente, a una experiencia de muerte inminente, a la interpretación de un acontecimiento inhabitual que se produce tras la muerte de un individuo, etc. Todos pasan por los seres vivos.»

Todos nuestros testigos estaban convencidos de la realidad de su VSCD y la mayoría de ellos mantuvieron esta postura con el paso del tiempo, independientemente de la reacción de su entorno. Sin embargo, algunos de ellos empezaron a dudar cuando su relato fue acogido con escepticismo. Se sintieron desamparados y tristes, porque se les había quitado alguna cosa importante. Pregunté a Radin si era arriesgado hablar de este tipo de experiencias.

«En efecto, es arriesgado. Si la experiencia permite aliviar el dolor de la pérdida, entonces es valiosa, sea cual sea su origen. En este caso, no es una buena idea intentar convencer a otras personas de la veracidad del acontecimiento, porque, a menos que ellas mismas hayan vivido en persona una VSCD, no se las podrá convencer e inevitablemente crearán una sensación de duda en la mente del receptor.»

Podemos preguntarnos pues por qué las experiencias del tipo de las VSCD se reciben con tanto escepticismo en nuestras sociedades occidentales.

«El escepticismo está ampliamente determinado por el pensamiento dominante, por el cual, en el mundo moderno, adquirimos conocimientos mediante la ciencia. Todavía no disponemos de teorías científicas que expliquen la naturaleza de la conciencia y, mientras esto no cambie, no podremos saber con certeza si alguna cosa sobrevive a la muerte física. Así pues, la idea de la comunicación con los difuntos se considera más bien una superstición o una necesidad psicológica, en lugar de algo que es objetivamente lo que parece ser.»

¿Cuál es el nivel de tolerancia para estas experiencias en otras civilizaciones y tradiciones?

«La sociedad occidental moderna probablemente es la única que se muestra escéptica. En otras culturas y en otras épocas, la existencia de espíritus se daba por sentado.»

Si las VSCD pudieran reproducirse en el laboratorio, ¿se aceptarían mejor? ¿Por qué los científicos son tan críticos y reacios a conceder un estatus de autenticidad a este fenómeno y a otros?

«Los estudios de laboratorio son el estándar por excelencia para determinar lo que consideramos como verdadero.»

La serpiente se muerde la cola: sin investigación en el laboratorio, no hay estatus ontológico. De acuerdo, pero las VSCD *no pueden* reproducirse. Entonces, ¿qué hay que hacer? La investigación puede basarse en dos elementos: la *vivencia* de los receptores que he presentado ampliamente en los capítulos anteriores y la *aparición masiva* de estas experiencias. Según un amplio estudio científico ya mencionado, una media del 25% de los europeos habría experimentado una VSCD. En Estados Unidos, las estimaciones se sitúan entre un 30 y un 50% de la población. En otras palabras, millones de individuos parecen haber estado en contacto con un familiar o amigo fallecido. Esta estimación puede considerarse como un indicio de la autenticidad de las VSCD, o simplemente significar que los seres humanos en duelo tienen la característica de percibir a los difuntos, sea cual sea el origen de estas percepciones.

¿Por qué un fenómeno de esta magnitud continúa siendo ignorado por los medios de comunicación? ¿Por qué se realizan tan pocas investigaciones científicas en este campo? ¿Y por qué sigue siendo tan difícil hablar de ello? ¿Qué piensa Radin de esto?

«Por las mismas razones por las que no existe un interés científico serio por los fenómenos psíquicos. Estos fenómenos desafían los conceptos actuales sobre la naturaleza y el potencial de la conciencia. Por otra parte, este tipo de fenómenos también está estrechamente asociado al entretenimiento y al género de terror, así como a grupos de interés aficionados. Eso hace que muy pocos científi-

cos "serios" estén dispuestos a correr el riesgo de verse asociados a
estos ámbitos.»

Es cierto, y es una lástima, que los científicos arriesgan su reputación
y pueden llegar a poner en peligro su carrera, en particular la académica,
si invierten en el estudio de los fenómenos inhabituales acerca de la
muerte. Incluso Radin, que ha demostrado la existencia de los fenómenos psi en innumerables test científicos realizados con un gran rigor en el
laboratorio, es prudente ante el estatus ontológico de las VSCD. Está
claro que lo que implican estas experiencias es vertiginoso: la supervíven-
cia de la conciencia, la existencia de un «mundo invisible», que sería el
destino final de todos, la posibilidad puntual y breve de comunicarnos
con nuestros familiares o amigos fallecidos, la idea de que tienen siempre
la mirada puesta en nosotros e intervienen cuando estamos en peligro
inminente (las VSCD de protección). Estas experiencias y sus implicaciones cuestionan de raíz nuestra concepción de la realidad. Amenazan
con desmoronar el paradigma científico actual y no hay nada tan perturbador como el riesgo de perder las certezas y de tener que ponerlo todo
en duda de nuevo. La resistencia científica ante los fenómenos inhabituales alrededor de la muerte es fuerte y no favorece la puesta en marcha
de proyectos de investigación de envergadura ni su financiamiento.

Afortunadamente, existen excepciones. Hace cerca de cuarenta años,
pudo ponerse en marcha la investigación sobre las experiencias de muerte inminente gracias a pioneros como Kenneth Ring y Raymond Moo-
dy, y pudo continuarse con investigadores competentes y rigurosos como
Bruce Greyson, Pim van Lommel y otros.

Las VSCD se sitúan en un contexto más amplio

En el momento de plantear el tema de la autenticidad de las vivencias
subjetivas de contacto con un difunto, es importante tomar conciencia
de que estos contactos no son un fenómeno aislado, sino que se producen en un contexto más amplio, el contexto de las diversas experiencias
alrededor de la muerte. Cuando se examinan estas vivencias por separa-

do —las experiencias de muerte inminente, las visiones en el momento del fallecimiento, las VSCD y las comunicaciones con los difuntos establecidas a través de un médium—, el misterio parece impenetrable y muchas preguntas quedan sin respuesta. En cambio, cuando se estudian en conjunto poniéndolas en paralelo y comparando su fenomenología y sus efectos, se constatan similitudes sobrecogedoras. Las piezas del rompecabezas empiezan a ocupar su lugar, encajan unas con otras, laboriosamente, en zonas diferentes de la mesa en la que hemos dispuesto las piezas y que sirve de soporte a la imagen que queremos reconstituir, una imagen de la realidad más inclusiva y global que la descrita por nuestros conocimientos actuales. No obstante, admitamos que todo lo que podemos ambicionar es acercarnos tanto como sea posible a la realidad que, en su esencia, sin duda sigue siendo inaccesible a nuestra comprensión de seres humanos.

Buscamos pacientemente, evaluando y controlando una y otra vez si la pieza que tenemos en la mano puede encastrarse en las pocas piezas ya ensambladas o quizá en alguna otra parte de la mesa… o tal vez más tarde. Como se trata de un rompecabezas de muchas piezas —los fenómenos son complejos, con múltiples facetas—, la imagen del rompecabezas todavía no es visible, ni siquiera es todavía imaginable en su totalidad, en sus vertiginosas consecuencias y, sin embargo, se adivina un pedacito de paisaje por aquí y un trocito de cielo por allá. Los testimonios de las personas, las vivencias de unos u otros generosamente compartidas, son los que nos permitirán avanzar en la construcción de este rompecabezas que, una vez terminado, sin duda nos aportará una mejor comprensión de la naturaleza de la realidad.

En el capítulo 4, he presentado en detalle las visiones en el momento del fallecimiento. Examinemos ahora las experiencias de muerte inminente que se inscriben en este mismo contexto.

Las experiencias de muerte inminente

A diferencia de las VSCD, las experiencias de muerte inminente o EMI (*Near Death Experience*, o NDE en inglés) gozan de una cobertura mediática bastante buena y se conocen relativamente bien, incluso en los países hispanohablantes. Sin embargo, no se producen ni mucho menos con tanta frecuencia como las VSCD.

En una investigación muy destacada, publicada en la prestigiosa revista *The Lancet*, el cardiólogo holandés Pim van Lommel y su equipo realizaron un estudio prospectivo en diez hospitales holandeses que incluía a 344 pacientes que habían sido reanimados tras un paro cardiaco. Entre estos pacientes, 62 (un 18%), experimentaron una EMI durante el paro cardiaco.[91] Según un metaanálisis realizado por Marie Thonnard y otros investigadores, la frecuencia de las EMI entre las personas que han sufrido un paro cardiaco se estima entre un 2% y un 12%.[92]

En comparación, como lo hemos visto en las páginas precedentes, el número de VSCD que se producen en las poblaciones europea y americana se estima globalmente entre un 25% y un 50%. Sin embargo, conviene señalar que un número limitado de personas han estado sometidas a un estado de muerte inminente antes de ser reanimadas, mientras que casi todo el mundo ha perdido a un familiar o amigo, lo cual los pone potencialmente en situación de experimentar una VSCD.

Recordemos brevemente que las EMI pueden producirse espontáneamente cuando una persona se encuentra cerca de la muerte, en estado de muerte clínica, en coma o, más raramente, expuesta a un grave traumatismo (una agresión, una violación) o un terror intenso sin ninguna afectación física (por ejemplo, cuando parece inminente una colisión frontal con otro vehículo, pero en el último momento puede evitarse).[93] Una EMI se caracteriza por la sensación de salir del cuerpo, la impresión de penetrar en una realidad transcendental y la percepción de un ser de luz que irradia amor y conocimiento. Por otra parte, los conceptos de tiempo y de espacio parecen abolidos.

---

91. Pim Van Lommel, Ruud van Wees y Vincent Meyers, «Near death experience in survivors of cardiac arrest: a prospective study in the Netherlands», *The Lancet*, 358, 2001, pp. 2039-2045.

92. M. Thonnard, C. Schnakers y M. Boly, «Expériences de mort imminente: phénomènes paranormaux ou neurologiques?», *Rev Med Liege*, vol. 5-6, n.º 63, 2008, pp. 438-444.

93. *Fear death experience*, en inglés.

Algunas personas que han tenido esta experiencia explican que no tenían cuerpo durante la misma, que eran una conciencia pura o un poderoso centro de energía. Otras declaran que tenían un cuerpo ligero, fluido y de contornos difuminados. La perennidad de la sensación de identidad es una constante. Las personas tienen la certeza de que eran ellas mismas durante la EMI, de que conservaban su identidad, su personalidad, su carácter y su biografía.

El desarrollo de una EMI puede constar de las siguientes etapas, que, sin embargo, raramente se recorren en su totalidad.

Durante la EMI, las personas tienen la sensación de abandonar su cuerpo físico **(descorporación),** de elevarse y ver su cuerpo y su entorno desde una cierta altura (lugar del accidente, intento de reanimación en la sala de operaciones, etc.). A menudo, quienes experimentan una EMI memorizan acontecimientos, palabras y actos que después pueden corroborarse. Las personas sienten de inmediato un gran **bienestar,** constatan la ausencia de dolor y hablan de un desinterés total por su cuerpo, que dejan tras de sí sin lamentarlo. Los testimonios coinciden sobre la lucidez que acompaña la EMI, muy diferente de un sueño o una alucinación. En este estadio, las personas experimentan la sensación de ser «aspiradas» en un **túnel** oscuro y de avanzar hacia una luz resplandeciente situada al final del túnel, a una distancia muy grande. Se acercan a una velocidad fulgurante a esta luz, que los atrae como un imán, para finalmente entrar en ella con una explosión de alegría y beatitud. De esta luz intensa, que sin embargo no deslumbra, emerge un **ser de luz,** descrito como personificación del amor, el conocimiento y la comprensión absolutos. Muchos hacen la analogía con la sensación de «volver a casa» o de «regresar al puerto». La comunicación entre el ser de luz y la persona que vive la EMI se establece de manera telepática. El encuentro con este ser genera una sensación de **felicidad** absoluta, de **comprensión** de todas las cosas y de **paz** profunda. Algunas personas describen la visión de **paisajes** magníficos, calcados en representaciones terrestres sublimadas. En este estadio, puede producirse una **revisión de la vida.** La persona vive fuera del tiempo y en tres dimensiones todos los acontecimientos de su vida, desde los más significativos hasta los más banales. A menudo, unos **guías** reciben a estas personas para acompañarlas y reconfortarlas. Muchos de ellos se encuentran con **familiares falleci-dos,** a los que identifican por medio de un reconocimiento por el espíritu más que por la percepción de un cuerpo, que a veces se describe como borroso o diáfano, incluso ausente. Los testigos hablan de la visión de una **frontera,** simbolizada de diversas maneras, que, si se cruza, hace imposible el retorno hacia el cuerpo físico. La experiencia termina con la **reintegración en el cuerpo físico,** más a menudo impuesta que deseada, raramente descrita de manera precisa, pero frecuentemente asociada a la idea de una misión que hay que cumplir en la tierra.[94]

No obstante, cabe señalar que alrededor del 4 al 5% de las experiencias se viven con miedo y se conocen con el término de «EMI negativas».

«Durante la experiencia de muerte inminente —dicen quienes la han tenido—, pude echar un vistazo al mundo que nos espera más allá de nuestra existencia terrestre. No sé en qué consistirá esta nueva vida ni cómo se desarrollará, pero sé que seré infinitamente feliz allí.»

Muchos individuos han experimentado un acceso al conocimiento universal durante la EMI. Al regresar al estado de conciencia habitual, han conservado una reminiscencia, pero ya no recuerdan sus constituyentes. Durante la experiencia, sus capacidades intelectuales eran ilimitadas, lo comprendían todo, lo sabían todo, captaban el sentido de su vida, las razones de sus alegrías y de sus sufrimientos pasados. Lo bien fundado de su destino individual se les mostraba de un modo nítido y comprendían que estaban integrados en un conjunto infinitamente armonioso. Algunos veían acontecimientos que se producirían en el futuro y que, efectivamente, se produjeron más tarde en su vida. La visión de acontecimientos futuros implica la ausencia de tiempo tal como lo concebimos, puesto que el pasado, el presente y el futuro son accesibles simultáneamente. Más allá de su vida personal, en presencia del ser de luz se les revela el misterio del funcionamiento, la interacción y la complementariedad de todos los elementos del universo, así como

---

94. Véase en mi página web: www.evelyn-elsaesser.com/

el destino de la humanidad, desde la noche de los tiempos hasta un futuro infinito.

La revisión de vida, durante la cual se libera una cantidad fenomenal de información, es un elemento esencial de la EMI. Estas personas ven desfilar en tres dimensiones todos los sucesos de su vida, desde los más importantes hasta los más baladíes, desde la primera infancia hasta el momento de la EMI. Pueden acelerar la película de su vida si el episodio revisado no plantea ningún problema especial o, al contrario, ponerla en «pausa» para examinar con mayor detalle una secuencia mal comprendida, dolorosa o conflictiva. En presencia del ser de luz y desde la perspectiva de un observador, reviven la escena en cuestión desde su propia perspectiva, pero también desde la de las personas implicadas en el suceso analizado, lo cual les permite vivir simultáneamente las emociones experimentadas por todos los participantes en el acontecimiento y comprender el alcance y las implicaciones de sus actos pasados. La revisión de vida tiene claramente una función pedagógica.

Después de haber evolucionado durante un largo momento en este entorno, a menudo en presencia de un guía o del ser de luz, aseguran haber percibido un riachuelo, un sendero, un murete de piedra u otro elemento que simboliza una frontera. Sabían, o los guías que tenían al lado les informaron de ello, que cruzar esta frontera significaría el abandono definitivo de su cuerpo físico. Su bienestar era absoluto y su felicidad era tan grande que la mayoría de las personas deseaban fervientemente cruzar esta frontera, dispuestos a abandonar su cuerpo y dejar atrás su vida anterior. Sin embargo, algunos pedían, incluso suplicaban, poder continuar con su vida terrestre, porque alguien necesitaba de ellos, sobre todo sus hijos pequeños. No obstante, la mayoría estaba dispuesta a empezar sin ningún lamento esta nueva existencia, pues el amor de y hacia sus familiares o amigos no era lo bastante fuerte para retenerlos. No sabemos nada de los que se marcharon, por supuesto, pero quienes sobrevivieron al episodio que los había conducido al umbral de la muerte cuentan que los guías que los acompañaban les explicaron que todavía no había llegado su hora y que tenían una misión que cumplir en la tierra antes de poder llegar definitivamente a aquel lugar fabuloso.

Como en el caso de las VSCD, quienes tienen una experiencia de muerte inminente quedan marcados profundamente durante mucho tiempo, incluso se transforman. Tras una fase de integración de la EMI que dura mucho tiempo (a menudo, años) y que puede ser difícil, marcada por un periodo de confusión e incluso de depresión, los beneficios de la experiencia se dejan sentir suavemente y se intensifican con el paso del tiempo. La imposibilidad de comunicar esta experiencia, que parece inefable, aísla a las personas que la viven, que dicen no encontrar las palabras adecuadas para expresar su vivencia, que, por otra parte, nadie podría comprender. La EMI provoca un replanteamiento fundamental de los valores, los objetivos y la manera de vivir su vida. De manera esquemática, podríamos decir que los cambios principales:

- **Están relacionados con la concepción de la vida y la muerte:** la disminución o la desaparición del miedo a la muerte, la certeza de que la conciencia sobrevive a la muerte del cuerpo físico y la convicción de la existencia de una realidad espiritual son los cambios más importantes y los más profundamente transformadores, y determinan una nueva concepción de la vida y de la muerte. La transformación de la escala de valores es una constante en quienes viven una EMI, su visión del mundo cambia radicalmente. Una vez terminada la fase de integración, surgen la serenidad, una gran alegría de vivir y la capacidad de vivir intensamente en el presente, así como la capacidad de relativizar los pequeños problemas de la vida cotidiana. De ello se desprende un sentido de la vida, que va precisándose con el paso del tiempo. Corre parejo un despertar espiritual, que cada uno organiza y realiza a su manera;

- **Están relacionados con la concepción de uno mismo:** la consecuencia del acceso al conocimiento universal descrito por numerosas personas suele traducirse en una formidable sed de aprender y una aspiración al desarrollo personal. El aumento de la confianza en uno mismo y de la autoestima son una consecuencia de la EMI, porque, como dicen quienes han tenido la experiencia: «Si el ser de luz puede amarme tal como soy, con todas mis imperfecciones y mis debilidades, entonces yo también puedo aceptarme». Desde este momento, el juicio de los demás ya no tiene demasiada influencia sobre ellos. La idea de una misión que deben cumplir está intensamente presente e incluso puede ser opresiva; estas personas están convencidas de que han sido devueltas a la tierra por una razón concreta que intentan identificar con una sensación de urgencia. No encuentran la serenidad hasta el momento en que comprenden y aceptan lo que parece esperarse de ellas y que, a menudo, consiste en una nueva orientación, incluso profesional, que deben dar a su vida;

– **Son de tipo social:** la primacía del amor es una prioridad absoluta para quienes viven una EMI. En presencia del ser de luz, se han sentido amadas por completo, incondicionalmente, sin límites y sin reservas, y han amado esta luz con todo su ser. De vuelta a la vida cotidiana, muchas de ellas ven una emanación del ser de luz en cada persona que frecuentan o con la que se cruzan, pues durante su experiencia han aprendido que la separación entre los seres no es más que una ilusión y que todos los seres vivos —e incluso todos los elementos del universo— están conectados y en constante interacción. Como consecuencia de ello, perciben una «chispa divina» en cada ser humano, y su capacidad de amar, así como su empatía, aumentan notablemente. También en este caso, hay que saber gestionar esta nueva relación con los demás y —sobre todo en la fase de integración de la EMI— no están a salvo de las decepciones e incluso de los abusos de confianza. La importancia que se concede a las relaciones interpersonales, la tolerancia, la ayuda mutua y la asistencia a los demás son una constante en estas personas;

– **Son de tipo material:** la disminución o el abandono del apego a los bienes materiales, al éxito profesional y financiero, y al estatus social son una consecuencia muy extendida de una EMI.

Se observan algunas similitudes, pero también importantes diferencias, entre las EMI y las VSCD, incluidas las visiones en el momento del fallecimiento (las VSCD de los moribundos). La diferencia más notable concierne *al estado físico* de los individuos afectados. Durante una experiencia de muerte inminente, las personas están en el umbral de la muerte, en estado de muerte clínica o en coma; por lo tanto, a menudo —pero no siempre— inconscientes en el momento en que se inicia la EMI. Las experiencias que se producen durante un traumatismo grave, como una violación o durante una agresión, o las que se desencadenan por la *expectativa* de una muerte que parece inminente, pero que se evita en el último momento (durante un accidente, una caída, etc.), se inician cuando los individuos están conscientes, pero este tipo de EMI es más bien raro. Las EMI «clásicas» se producen de manera fulgurante; por ejemplo, durante un infarto, un accidente o un intento de suicidio. Durante una VSCD, en cambio, las personas no sufren ninguna modificación física, como se desprende de los numerosos testimonios presentados en los capítulos anteriores, con la única excepción de la semiparálisis pasajera que he identificado en los testimonios recibidos, pero que aún no se ha mencionado nunca en las publicaciones. Por lo tanto, es demasiado pronto para saber si se trata realmente de una característica de las VSCD.

Es cierto que las visiones en el momento del fallecimiento se producen en personas que mueren progresivamente debido a una enfermedad o a su avanzada edad, pero no comportan ningún cambio fisiológico. Las personas están conscientes y lúcidas, y los signos vitales se mantienen estables. No se produce ninguna disociación con el cuerpo físico. Las personas que llegan al final de la vida pueden comunicarse con su entorno y comentar las visiones al mismo tiempo que conversan con sus visitantes invisibles y saben a ciencia cierta que sus familiares o amigos no pueden percibir a los difuntos. Los moribundos parecen navegar con comodidad y seguridad entre la realidad física y el mundo espiritual. Aparentemente, entran de forma gradual y puntual en otra realidad, mientras que, en una EMI, la persona es proyectada en esta realidad de manera instantánea antes de regresar a su cuerpo físico.

Los médiums

El diccionario *Larousse* define al médium como una «persona capaz de percibir, por medios en apariencia sobrenaturales, los mensajes de los espíritus de los difuntos y servir de intermediario entre los vivos y los muertos. Persona dotada de talentos paranormales». La mediumnidad se describe como la «facultad que poseen los médiums de servir de intérpretes a los espíritus».

Esta definición sumaria comprende los términos «sobrenatural» y «talentos paranormales». Sin embargo, los innumerables testimonios de VSCD dan testimonio de una realidad muy diferente. De ellos se desprende que la capacidad de percibir a los «espíritus de los difuntos» y de comunicarse con ellos de la que gozan los médiums sin duda está *presente en cada uno de nosotros*, latente en condiciones normales pero activable cuando las circunstancias lo exigen. Esta aptitud no tiene manifiestamente nada de sobrenatural ni de paranormal.

El estado de conciencia ampliada inherente a la proximidad de la muerte se inscribe en este mismo registro. Al acercarse la muerte, este potencial presente pero dormido en cada uno de nosotros se activaría y permitiría a quienes se encuentran al final de su vida percibir a los familiares o amigos difuntos y beneficiarse de numerosas informaciones sobre su muerte cercana y sobre el más allá.

Los médiums tendrían solo una predisposición, incluso una sensibilidad mayor que la media, que se perfilaría y aumentaría a lo largo de su recorrido iniciático, que a menudo se inicia en la infancia y se desarrolla con el paso del tiempo y la práctica. Los médiums se definen como «mensajeros» que se mantienen en la frontera que separa el mundo material del mundo espiritual. Se considera que son canales *(channels)* y comunican a sus clientes las sensaciones, las imágenes y las palabras que reciben del mundo invisible, mientras que, en el caso de los receptores de las VSCD, se trata de experiencias escasas, puntuales y esencialmente personales.

En el excelente libro *Le Test*, Stéphane Allix se plantea la cuestión de saber cómo obtienen los médiums estas informaciones sobre vivos y difuntos de los que lo ignoran todo.

«Los investigadores se encuentran frente a dos hipótesis que permiten explicar los resultados obtenidos: o bien los médiums se comunican realmente con los difuntos, o bien se trata de una forma de telepatía, y esta explicación ya es en sí misma bastante extraordinaria. Según esta última hipótesis, el médium sería capaz de leer la mente de la persona que acude a consultarla. No hablaría con un espíritu, sino que obtendría información extrayéndola de la cabeza de la persona que tiene enfrente, que conoce esta información.

Sin embargo, de ello se desprende que esta forma de telepatía es un acto pasivo: en este caso, el médium recibe imágenes, destellos; ahora bien, en las comunicaciones con los difuntos, los médiums hablan de "auténticas conversaciones interactivas". Más determinante todavía: en muchos casos, la información que proporciona el médium es desconocida por la persona que se presta a la experiencia como cliente.»[95]

Las VSCD se diferencian de los contactos establecidos a través de un médium por las *circunstancias* de su aparición, la *naturaleza de la información obtenida* y su *impacto emocional*. Una VSCD dura apenas unos segundos, como mucho unos minutos, mientras que las sesiones con los médiums se desarrollan durante un tiempo más prolongado. Concertar una cita con un médium presupone cierta *convicción preexistente*. Se decide consultar a un médium durante un duelo porque se cree que es posible establecer un contacto con el más allá y se acude a la sesión con la esperanza de entrar en comunicación con el ser amado difunto. Por lo tanto, se está *precondicionado*, o al menos abierto a la posibilidad de recibir información procedente del difunto. Esto no ocurre en las VSCD que se producen espontáneamente, que se imponen al receptor de improviso, sin ninguna *expectativa* por su parte. Así pues, la *intención* es totalmente diferente: presente en el primer caso, ausente en el segundo. Las creencias preexistentes no desempeñan ningún papel en la aparición de las VSCD. Tanto un ateo o un agnóstico como un creyente pueden

---

95. Stéphane Allix, *Le Test: une enquête inouïe, la preuve de l'après-vie?, op. cit.,* p. 14.

vivir esta experiencia. La creencia en la supervivencia de la conciencia o la firme negación de esta hipótesis carecen de importancia a la hora de experimentar un contacto con un difunto. Se impone la evidencia, el impacto es inmediato, ya no hay lugar para la duda: el ser amado difunto se ha manifestado, vive, se preocupa por nosotros, el vínculo no se ha roto. Las convicciones pueden modificarse tras la experiencia, pero en este momento ya estamos en la fase de intelectualización del fenómeno y no en la vivencia inmediata.

Durante una sesión mediúmnica, la información obtenida pasa por el médium. El éxito de la sesión depende de la capacidad del médium de colocarse en la misma frecuencia que el difunto, de captarlo, de comprenderlo y de traducir en palabras la información percibida. Para tener éxito, debe procurar que sus propios pensamientos y emociones no interfieran. Es frágil, es difícil; a veces es fluido pero a menudo es laborioso, sobre todo si los clientes desean obtener respuestas a preguntas concretas.

La *naturaleza de la información obtenida* es diferente. Durante una sesión con un médium, en un primer momento el difunto parece identificarse, para que la persona que consulta pueda reconocerlo. Después, suele transmitir una gran cantidad de información. Durante una VSCD, generalmente no se trata tanto de una transferencia de información (excepto en algunos tipos de VSCD) como de una toma de contacto, un signo de vida, la expresión de un apoyo, una palabra de amor o quizá un último adiós.

El *impacto emocional* de un contacto establecido por un médium y el de una VSCD son totalmente diferentes. Durante una sesión con un médium, el difunto *transmite por boca del médium* su solicitud y su amor por la persona que consulta; sin duda, esto aporta un gran consuelo a la persona en duelo. Durante una VSCD, en cambio, el receptor *siente* el amor de su familiar o amigo fallecido. Tiene la *experiencia directa* del mismo. Incluso durante una furtiva sensación de presencia que dura dos o tres segundos, el receptor siente que lo invade el amor del difunto con una dulzura infinita. El impacto emocional —y la fuerza reparadora— de una VSCD son poderosos.

Paralelismos entre las diferentes experiencias alrededor de la muerte

Las palabras y las descripciones transmitidas por los médiums, ¿son equivalentes a las vivencias alrededor de la muerte, es decir, a las experiencias de muerte inminente, las visiones en el momento del fallecimiento y las VSCD?¿Es posible cruzar y comparar estos datos? Intentaré hacerlo a partir de información extraída de las retransmisiones de sesiones mediúmnicas presentadas por Stéphane Allix en *Le Test*.

La luz es esencial en todas las experiencias alrededor de la muerte, de la misma manera que es un elemento esencial en todas las grandes religiones. Esta luz es mucho más que una simple fuente luminosa, está viva, es inteligente, amorosa y omnisciente.

EMI: las personas que han vivido una EMI refieren un encuentro con un «ser de luz» que personifica el conocimiento y el amor absolutos, que genera una sensación de felicidad y de paz profunda. Este ser grandioso las conoce perfectamente y las ama de manera incondicional, pese a sus defectos y a los errores que han cometido, que se ponen en evidencia durante la revisión de vida. En presencia del ser de luz, acceden al conocimiento absoluto tanto en el plano de su vida individual pasada y futura como en el plano de la humanidad en su conjunto y del universo.

Veamos dos testimonios de encuentros con esta luz omnisciente y amorosa.

«La luz avanzaba hacia mí y adquirió la forma de una persona. Pero no era una persona. Era un ser que irradiaba luz. En el interior de esta luz, radiantemente luminosa, de un tono plateado, blanca con un tono plateado, había lo que parecía ser un hombre... No sabía exactamente quién era, como comprenderá, pero fue la primera persona que se presentó y tuve la sensación de que, cuanto más se acercaba a mí esa luz, mayor y más puro era el amor...»[96]

---

96. Evelyn Elsaesser-Valarino, *Al otro lado de la vida, op. cit.*, p. 39.

«Me invadieron de repente sentimientos muy intensos. Como si la luz que rodeaba a aquel ser (de luz) me bañara con sus rayos y penetrara en cada parcela de mi ser. Al absorber aquella energía, sentí lo que puedo designar como "beatitud".»[97]

Visiones en el momento del fallecimiento: algunas personas que han llegado al final de la vida perciben a seres queridos fallecidos que a veces están rodeados de una luz. En ocasiones, ven a la vez una luz y a los difuntos, como ilustra el testimonio de Emma, recogido por las enfermeras Callanan y Kelley.

«—Oh, si pudiera relajarme —se quejaba.

—¿Qué ocurriría si pudiera relajarse? —le pregunté.

—Pues que esta luz se acercaría y podría reconocer a todas estas personas.

Durante una fracción de segundo, pensé que se refería a los otros pacientes de la habitación o al personal del servicio. Vacilante, le pregunté:

—¿Qué personas?

Emma tenía aspecto de sorprendida, como si le hubiera hecho una pregunta ridícula.

—¡Todas estas personas que hay alrededor de la cama, por supuesto! —respondió, haciendo un amplio movimiento con el brazo para mostrar la importancia de la multitud que yo no podía ver.»[98]

Peter y Elizabeth Fenwick constatan que la luz está presente tanto en las descripciones de las EMI como en las de visiones en el momento del fallecimiento.

«Es lógico llegar a la conclusión de que estos dos tipos de experiencias están relacionados, de que forman parte de una misma

97. *Ibíd., loc. cit.*

98. Maggie Callanan y Patricia Kelley, *Atenciones finales. Una obra para comprender las necesidades de los moribundos y comunicarse adecuadamente con ellos, op. cit.*, p. 106.

continuidad [...]. Por ejemplo, es muy frecuente percibir una luz, no solo en el momento de la muerte, sino durante los días o incluso las semanas previas al fallecimiento [...].»[99]

«Es particularmente interesante señalar que, a veces, los familiares o amigos que velan al moribundo *también pueden ver esta luz*, como si compartieran una misma visión. El personal sanitario o los propios familiares o amigos de los moribundos a menudo describen este fenómeno. La luz suele describirse como brillante y blanca, y asociada a fuertes sentimientos de amor y de compasión que, por momentos, inundan toda la habitación. Esta luz se describe como emanando del cuerpo del moribundo o como rodeándolo, y el fenómeno continúa, en general, durante todo el proceso de morir.»[100]

VSCD: la luz está presente principalmente, pero no exclusivamente, durante las apariciones. En raras ocasiones, solo se percibe una luz, que, sin embargo, el receptor identifica sin vacilar.

«Dos o tres horas después de la partida de mi madre, quería estar sola. Por lo tanto, salí al jardín, donde de pronto vi una luz de una intensa claridad. Estaba situada a poco más de un metro del suelo y medía alrededor de un metro de diámetro. La luz no tenía realmente contornos, pero yo sabía que era mi madre. Me dijo:

—Hola, Edna. Te quiero. Yo estoy bien y a ti todo te irá bien. Es muy hermoso el lugar donde estoy ahora y soy muy feliz.

¡Entré en casa!

Le dije:

—¡Soy muy feliz por ti!

Ella continuó:

—Cuida mucho a papá [...].»[101]

---

99. Peter Fenwick y Elizabeth Fenwick, *El arte de morir*, *op. cit.*, p. 152.

100. *Ibíd.*, p. 153.

101. Bill Guggenheim y Judy Guggenheim, *Saludos desde el cielo*, *op. cit.*, p. 77 (ed. francesa).

Más a menudo, las apariciones están rodeadas de una luz o destacan sobre un fondo luminoso. A veces, en el interior de una luz toma forma una silueta o un rostro.

«El día de mi boda, estaba arrodillada ante el altar haciendo mis votos cuando de repente sentí la necesidad de volver la cabeza hacia la izquierda. Vi una luz muy clara, parecida a una nube iluminada. Supe enseguida que mi madre estaba allí, podía sentirla. No discernía bien su cara, pero vi su sonrisa y sus ojos. Creo que ha encontrado la paz.»[102]

Los **médiums** mencionan con frecuencia una luz. Stéphane Allix transcribe las palabras del médium Henry Vignaud, que habla de una luz que lo informa del estadio de evolución de los difuntos que percibe.

«Durante los contactos mediúmnicos, [Henry] tiene conciencia de estar en una especie de espacio de luz. Me dice que le gustan mucho estos instantes, en los que ve aparecer a los difuntos rodeados de un campo luminoso más o menos radiante. La visión de esta intensidad le indica en qué etapa están. En algunos momentos, puede ver una forma pura únicamente luminosa; en otros momentos, se trata de la aparición de rostros traslúcidos. Cuando Henry se encuentra con difuntos que se muestran en su cuerpo, ve su *radiación y esto es sobrecogedor*, dice con emoción. Cuando esto ocurre, confiesa que pierde las ganas de regresar a nuestra realidad.»[103]

¿Dónde viven los difuntos? ¿En qué entorno se mueven? ¿Qué hacen durante sus jornadas? Y, por otra parte, ¿hay jornadas en el mundo espiritual, que sin duda no está regido por el espacio-tiempo que da ritmo a nuestra vida?

El entorno descrito por las personas que han vivido una **EMI** se parece a paisajes terrestres sublimados. Dicen haber visto paisajes de

---

102. *Ibíd.*, p. 78.

103. Stéphane Allix, *Le Test: une enquête inouïe, la preuve de l'après-vie?, op. cit.*, pp. 67-68.

una gran belleza, como en esta descripción de una mujer que vivió una EMI a los 9 años de edad.

«Cuando llegué al final del túnel, se desplegó ante mí un paisaje maravilloso. Había campos llenos de flores con un bonito camino a la derecha. Los árboles estaban pintados de blanco hasta media altura y había un cercado blanco. Era precioso. Además, en unos pastos a la derecha, había los caballos más espléndidos que he visto en mi vida.»[104]

Visiones en el momento del fallecimiento: Al tener visiones de paisajes, las personas que llegan al final de la vida parecen experimentar un consuelo. Más allá de la belleza de los paisajes descritos como paradisíacos, parecen obtener una *información* que los tranquiliza y les da confianza ante lo que les espera.

¿Qué dicen los **médiums**? Perciben poca información sobre el entorno en que se mueven los difuntos. Stéphane Allix escribe, refiriéndose a los mensajes recibidos por los médiums interrogados.

«A veces, los difuntos evocan paisajes, paisajes muy bonitos, pero, ¿algo más? ¿La muerte debe seguir siendo invisible para nosotros, los vivos?»[105]

El *espacio* parece estar ausente, o bien está provisto de otras propiedades en el mundo *post mortem*. Quienes han vivido una **EMI** dicen que han podido transportarse instantáneamente, solo con desearlo, a cualquier lugar, incluso muy alejado del sitio donde se encontraba su cuerpo en el momento de la EMI. Por ejemplo, durante una operación quirúrgica que presentó complicaciones y los condujo al umbral de la muerte, su espíritu podía trasladarse a la sala de espera donde estaban reunidos sus familiares y amigos, y escuchar su conversación,

---

104. Evelyn Elsaesser-Valarino, *Al otro lado de la vida, explorando el fenómeno de la experiencia ante la cercanía de la muerte, op. cit.*, p. 41.

105. Stéphane Allix, *Le Test: une enquête inouïe, la preuve de l'après-vie?, op. cit.*, p. 97.

de la misma manera que podían, por ejemplo, ir a su casa, observar a un miembro de la familia preparando la comida y a la vez conocer los pensamientos de esta persona. La libertad es total y las posibilidades son ilimitadas.

El **médium** Pierre Yonas, interrogado por Stéphane Allix, hace una descripción muy similar.

«[Los difuntos] se mueven en una materia diferente a la nuestra. Un mundo de materia en el que no hay ni espacio ni tiempo. Los desplazamientos son instantáneos, más rápidos que el pensamiento. Es un universo un poco como el nuestro, en el que pueden recrear mundos.»[106]

El tiempo también parece modificado o abolido durante las **EMI,** que se desarrollan en un tiempo muy breve, a veces apenas unos minutos, por ejemplo cuando una persona sufre un paro cardiaco. En especial durante la revisión de vida se libera una cantidad de información tan fenomenal que parece producirse fuera del tiempo. La visión de acontecimientos futuros que puede producirse durante la revisión de vida es especialmente interesante. Los acontecimientos que todavía no se han vivido ya están inscritos en nuestro futuro, lo cual implica la ausencia de tiempo tal como nosotros lo concebimos, puesto que el pasado, el presente y el futuro son accesibles simultáneamente. El médico anestesista-reanimador tolosano Jean-Jacques Charbonier, experto en experiencias de muerte inminente, escribe a este respecto:

«Determinar el más allá mediante un modelo temporoespacial cualquiera sería necesariamente falso y reductor, como indica la física cuántica, que señala el carácter aleatorio de toda observación que evoluciona en un sistema de cuatro dimensiones.»[107]

---

106. *Ibíd.*, p. 173.

107. Jean-Jacques Charbonier, *La Médecine face à l'au-delà: pour la première fois, des médecins parlent…*, París, Guy Trédaniel éditeur, 2010, p. 8.

Las **visiones en el momento del fallecimiento** son de corta duración, aunque pueden ser recurrentes. También en este caso, estas experiencias son potentes y capaces de eliminar en un instante una aprensión por la muerte que quizá estuvo presente durante toda una vida. Es inevitable tener la impresión de que el tiempo se modifica, incluso se dilata, durante estas vivencias.

Las **VSCD** también se producen en un tiempo muy breve, y aun así los receptores pueden tener la sensación de haber recibido mucha información. En la entrevista que realicé con Allan Botkin, este mencionaba que las VSCD inducidas parecían producirse fuera del tiempo lineal. A modo de ilustración, contó el caso de un paciente que había cerrado los ojos durante la preparación para la DRMO y los abrió al cabo de unos tres segundos. Botkin supuso que la preparación no había funcionado, pero el paciente empezó a contar una VSCD muy larga y compleja. Al parecer, había percibido una gran cantidad de información en apenas tres segundos. La noción del tiempo del paciente estaba modificada, pues dijo a Botkin que pensaba haber tenido los ojos cerrados durante dos o tres minutos.

Para ser identificados, los difuntos tienen que presentarse con *una forma reconocible para los vivos.*

Durante una **EMI,** quienes la viven se encuentran con familiares o amigos fallecidos a los que identifican por medio de un reconocimiento por el espíritu más que por la percepción de un cuerpo, que a veces se describe como borroso o diáfano, incluso ausente. Sin embargo, la identificación es inequívoca. Veamos una ilustración:

«Poco tiempo antes de mi supuesta muerte, uno de mis mejores amigos, Bob, fue asesinado. Cuando salí de mi cuerpo, tuve la sensación muy intensa de que Bob estaba muy cerca de mí. Lo veía mentalmente y lo sentía allí, pero era una sensación curiosa: no lo veía físicamente, distinguía cosas, pero no con una forma física y, aun así, de modo muy nítido, veía sus rasgos, todo. No sé si me explico bien. Estaba allí, pero no tenía su cuerpo terrestre. Era un cuerpo un poco diáfano, me producía el efecto de tener todos los miembros, pero no podía decir que los veía físicamente».[108]

Durante las **visiones en el momento del fallecimiento,** los moribundos que ven a los difuntos los reconocen de inmediato, pero no precisan *la forma en que* los perciben.

Las descripciones de **VSCD** visuales van de la visión de una silueta brumosa a la percepción de un cuerpo perfectamente sólido que parece vivo. La luz suele estar presente durante las apariciones.

«Al tercer día después de su fallecimiento, se me apareció mi padre. Tenía su aspecto habitual, salvo que podía ver a través de él. Su silueta se parecía a una niebla gris, pero era fácil reconocerlo. Detrás de él, vi una luz clara y blanca.»[109]

Los difuntos se perciben a menudo como más jóvenes de lo que eran en el momento de su muerte, con una salud resplandeciente y radiantes de felicidad; dan la impresión de poder «materializarse» puntualmente y entrar en la conciencia de los vivos creando una imagen de su elección. Esta característica la mencionan tanto los receptores de VSCD como los que viven una EMI.

Durante el acompañamiento de personas que llegan al final de la vida, dos **médiums** citados en *Le Test,* Loan Miège y Christelle Dubois, pudieron observar «el túnel de luz por donde emergen los familiares o amigos en forma de siluetas más o menos definidas, a veces con una apariencia mucho más joven. Una sensación de alegría y de amor inmenso emana de ellos.»[110]

Stéphane Allix relata las percepciones muy similares de la médium Christelle Dubois.

---

108. Evelyn Elsaesser-Valarino, *Al otro lado de la vida, explorando el fenómeno de la experiencia ante la cercanía de la muerte, op. cit.,* p. 48.

109. Bill Guggenheim y Judy Guggenheim, *Saludos desde el cielo, op. cit.,* p. 82 (ed. francesa).

110. Stéphane Allix, *Le Test: une enquête inouïe, la preuve de l'après–vie?, op. cit.,* p. 210.

«Un pasaje, un túnel desciende a la habitación. Un túnel por el que pasan diferentes energías, como los guías y los difuntos. Cuando no esperan en la habitación, van y vienen. Una vez, Christelle entró en una habitación y se encontró ante una decena de personas del *mundo celestial* que esperaban a su familiar o amigo, moribundo en la cama.»[111]

Encontramos de nuevo la noción de túnel en el que los que viven una EMI dicen haberse introducido cuando se dirigían a gran velocidad hacia la luz situada al final de este túnel. Por otra parte, los médiums perciben a los visitantes secretos de las personas que llegan al final de la vida, invisibles para su entorno.

¿Cómo pueden los difuntos hacerse reconocibles para los vivos? El médium Pierre Yonas, interrogado por Stéphane Allix, explica que algunos difuntos le «muestran imágenes que tienen relación con su apariencia».

«Para Pierre, está relacionado con una cuestión de energía. La energía que utilizan los difuntos para manifestarse, para crear el *cuerpo* con el que se hacen visualmente perceptibles, debe ser tan importante que no tienen suficiente para hacer algo más que crear esta imagen en nuestro mundo. En cambio, los que hablan no tienen ni la energía ni la fuerza necesarias para mostrarse al mismo tiempo.»[112]

Y añade:

«La energía es la clave que da acceso al mundo de los espíritus y hace posible la comunicación con los difuntos. Para pasar del lugar donde se encuentran hasta aquí, nuestro mundo material que debe generar abundantes interferencias, necesitan energía. Mucha energía».[113]

---

111. *Ibíd.*, p. 136.

112. Stéphane Allix, *Le Test: une enquête inouïe, la preuve de l'après-vie?, op. cit.*, p. 156.

113. *Ibíd., loc. cit.*

Más allá de su apariencia, los difuntos parecen conservar su identidad, su personalidad, su carácter y su historia personal. Lo confirman quienes han vivido una EMI, que dicen que, durante la experiencia, no solo mantuvieron la sensación de su identidad, sino que nunca se habían sentido tan ellos mismos, la concentración, la propia esencia de su ser auténtico. Una persona que ha vivido una EMI la describe así:

«Era difícil de explicar. En aquel momento, ya no era la esposa de mi marido. Ya no era la madre de mis hijos. Ya no era la hija de mis padres. Era total y completamente yo misma».[114]

Parece bastante evidente que nuestros seres queridos fallecidos ya no son realmente las mismas «personas» que conocimos y amamos. Son lo que han sido, pero también son *mucho más que esto*, de un modo inconcebible para nosotros. La médium Loan Miège describe así al difunto con el que estableció un contacto:

«Ha perdido la identificación con la persona que has conocido y ha recuperado su esencia. Actualmente, vive en su esencia, que es mucho más amplia que una persona encarnada en la tierra. Así pues, al menos existen unos rasgos de personalidad que permanecen, o bien juega a recuperarlos solo para que lo reconozcan».[115]

Los *intercambios* entre vivos y difuntos y la *transferencia de información* dirigida a los vivos están presentes en todas las experiencias alrededor de la muerte y, sin duda, son el sentido y la esencia de estas vivencias.

Durante una **experiencia de muerte inminente,** quienes la han vivido dicen haberse encontrado con el ser de luz, con unos guías desconocidos, así como con sus familiares y amigos fallecidos y haber conversado con ellos telepáticamente. Por lo general, quienes han vivido una

---

114. Evelyn Elsaesser-Valarino, *Al otro lado de la vida, explorando el fenómeno de la experiencia ante la cercanía de la muerte*, Madrid, Ediciones Internacionales Universitarias, 2000, p. 45.

115. Stéphane Allix, *Le Test: une enquête inouïe, la preuve de l'après-vie?*, *op. cit.*, p. 215.

EMI estaban inconscientes, anestesiados, en coma o en estado de muerte clínica y, sin embargo, mantuvieron estas conversaciones, que eran ricas en contenido y en emociones y seguían perfectamente grabadas en su memoria cuando recuperaron su estado de conciencia habitual. La *sustancia* de estas conversaciones es personal, propia del individuo que vive la experiencia. A veces, estas conversaciones telepáticas con los seres queridos fallecidos contienen elementos de sorpresa, como la de una mujer que durante una EMI se enteró de que su padre no era su padre biológico, una información luego confirmada.[116]

La información recibida durante las **visiones en el momento del fallecimiento** es *potente y convincente*, pues elimina instantáneamente el miedo a la muerte. Debe haber alguna cosa en estas visiones que no solo suprime de inmediato cualquier aprensión, sino que, además, *alegra* a los moribundos y los pone en un estado de aceptación de la muerte e incluso de alegría anticipada por lo que les espera en este viaje que se anuncia. Existe una concordancia con la felicidad sin igual que dicen haber sentido quienes viven una EMI.

Durante una **VSCD**, la información percibida se centra en los receptores, es decir, en el mundo físico, puesto que sirven para reconfortarlos, para transmitirles una información concreta que necesitan mucho (las VSCD prácticas) o para evitarles un drama (las VSCD de protección). Los difuntos a menudo dicen encontrarse bien y ser felices, lo cual implica que el más allá es un lugar de paz y de bienestar, pero no describen su nuevo entorno ni sus condiciones de existencia. Estos mensajes concuerdan con las descripciones de las EMI y las visiones de los moribundos. Mucho más raramente, sobre todo cuando los difuntos que se manifiestan han fallecido de muerte violenta, el contacto parece ayudar al difunto más que al receptor, pues este último puede sentirse incomodado por el contacto.

Se produce una transferencia de información, no cabe duda. Estos intercambios se producen de manera telepática, salvo en una parte de las VSCD auditivas, que pueden percibirse como una voz que llega del exterior, como las conversaciones entre los vivos.

---

116. Comunicación personal, 2010.

¿Cómo captan los **médiums** la información que transmiten a sus clientes? Stéphane Allix describe la manera de proceder del médium Pierre Yonas, que utiliza una foto del difunto con el que intenta ponerse en contacto.

«Cuando toma la foto, se aísla de modo repentino. Se sumerge en un estado en el que intenta estar lo más vacío y lo más sereno posible. Para conseguirlo, se olvida de quién es, de su carácter, de lo que sabe hacer, de todo lo que ha aprendido. Compara este estado con una amnesia que dure de uno a unos segundos como máximo. Entonces empieza a tener vivencias físicas nuevas. Es un poco como si estuviera allí sin estar allí. Su conciencia se modifica y, como si fuera una antena, siente *cosas que llegan a él* […]. Cuando se encuentra en este estado, oye frases, capta destellos, imágenes, olores o impresiones físicas.»[117]

Cada médium tiene su propio sistema de trabajo o quizá solo sus propias palabras para describir el mismo procedimiento. Stéphane Allix describe la manera en que procede la médium Florence Hubert para entrar en contacto con los difuntos durante las sesiones públicas.

«Sentada a una mesa en la que las familias y los amigos presentes en la sala han dispuesto fotos de sus difuntos, Florence tiene la sensación de encontrarse en una niebla, en una especie de bruma. *Alguna cosa* que la engloba. Allí, coge una foto maquinalmente y sus percepciones se abren. Oye voces, personas que le hablan, le describen elementos de vida, circunstancias del fallecimiento, nombres o, a veces, solo la primera letra, fechas, etc.»[118]

Los médiums, como los moribundos que tienen visiones de sus seres queridos difuntos, son capaces de *acceder al mundo espiritual a la vez que están perfectamente anclados en nuestra realidad física*. Comentan sus per-

---

117. Stéphane Allix, *Le Test: une enquête inouïe, la preuve de l'après-vie?, op. cit.*, p. 157.
118. *Ibíd.*, p. 242.

cepciones —imágenes o palabras— a su entorno, en el caso de los moribundos, y a sus clientes, en el caso de los médiums, pues tienen acceso *simultáneamente* a ambas realidades.

Los receptores de **VSCD** parecen gozar de un acceso puntual y breve al mundo invisible que les permite percibir a sus familiares y amigos fallecidos, a la vez que se mantienen perfectamente anclados en el mundo físico.

Durante una **experiencia de muerte inminente,** en cambio, las personas son proyectadas de golpe a esta otra realidad, pero el acceso al mundo físico se interrumpe temporalmente durante la EMI.

Así pues, estas capacidades no están reservadas a ciertos individuos —médiums, en este caso—, sino que su activación depende solo de las *circunstancias.* En otras palabras, todos tenemos en nosotros el *potencial de percibir el mundo espiritual.*

Funciones para los difuntos. ¿Podemos suponer que los difuntos sacan también algún beneficio de los contactos con los vivos? La pregunta se plantea en particular para los difuntos que no parecen conscientes de su nuevo estado. Dicho de otra manera, ¿se puede estar muerto sin saberlo?

¿Los **médiums** captan información que, efectivamente, puede inducir a creer que algunos difuntos no son conscientes de haber fallecido? Basándose en las palabras de los médiums interrogados, Stéphane Allix comenta este punto.

«[...] A esto, se añade el hecho, con frecuencia mencionado en diversas tradiciones y por los médiums, de que los difuntos pueden encontrarse a niveles diferentes, una vez en el otro lado. El acceso a uno u otro nivel correspondería a la comprensión que tiene el difunto de su estado, a la manera, rápida o no, en que se habría producido la toma de conciencia de la muerte. Este proceso puede ser más o menos difícil según las personas. Algunas almas se sienten mal, pueden ser solo parcialmente conscientes de lo que ocurre y no consiguen librarse de esta confusión.»[119]

---

119. Allix Stéphane, *Le Test: une enquête inouïe, la preuve de l'après-vie?, op. cit.*, p. 68.

Cuatro de nuestros testigos experimentaron **VSCD** difíciles, tres de ellos con difuntos desconocidos, que sin duda debemos considerar en esta categoría.

Dominique Marie C. vivió un contacto opresivo con su hermano, fallecido unos días antes, que no parecía ser consciente de estar muerto. Le preguntó si debía partir y ella le respondió con un «sí» categórico.

Eliette S. percibió una «forma femenina hostil» en la casa de campo de su hermana y este hecho la trastornó, igual que a su perro, que parecía petrificado. No sabemos nada sobre las circunstancias del fallecimiento de esta mujer, aparte del rumor que dice que «en esta casa vivía antaño una mujer sola que murió loca».

Hemos visto que las *circunstancias del fallecimiento*, sobre todo en el caso de *muerte violenta*, desempeñan un papel en la toma de conciencia de la propia muerte. En los dos casos siguientes, los difuntos percibidos eran desconocidos para nuestros testigos.

Recordemos a Anne-Marie L., que una tarde ayudó a un hombre joven desconocido que había sufrido un accidente en la carretera y falleció durante el traslado al hospital. Una vez en su casa, Anne-Marie vivió una VSCD que la asustó. Se puede suponer que el joven, arrancado bruscamente a la vida, todavía no había tomado conciencia de su nuevo estado y, en su confusión, se había «agarrado» a la persona que lo había socorrido en la situación dramática en que se encontraba poco antes de morir.

Béatrice M. también percibió a un desconocido, una niña de 13 años, fallecida trágicamente en un accidente de avión que ella misma había provocado por inadvertencia al «tocar alguna cosa que no debía tocar», información confirmada luego por una investigación oficial. Esta experiencia está totalmente marcada por el desconcierto, el pánico y la confusión de la niña, que daba la impresión de haberse manifestado con mucha urgencia allí donde le fue posible, ante Béatrice, que, dado que tenía una gran sensibilidad, hacía posible el contacto. Es muy probable que la niña no fuera consciente de estar muerta.

En la cita de Allix, no se trata de individuos fallecidos de muerte violenta, pero podemos suponer que la toma de conciencia de la propia muerte es menos inmediata si la persona ha sido arrancada bruscamente a la vida, sin ninguna posibilidad de preparación psicológica. Las palabras de la médium Loan Miège apoyan esta hipótesis.

«Si la muerte se instala progresivamente en la vida de la persona, esta tiene tiempo de prepararse, de aceptarla y de saber lo que le ocurre. En cambio, si se produce de manera brusca, existe un riesgo importante de que no se comprenda. La persona no está preparada, se encuentra en pleno impulso vital y este cambio repentino le parece imposible. Queda paralizada por el choque y después por la negación o el rechazo.»[120]

Como hemos visto, las VSCD con familiares o amigos fallecidos parecen servir para reconfortar a los vivos y ayudarlos a continuar con su vida sin el ser querido, mientras que las VSCD con desconocidos dan la impresión de que son *los difuntos* quienes necesitan que los tranquilicen.

Detengámonos un instante en esta idea de las VSCD que «tranquilizan», que «reconfortan» a los vivos. Los receptores han repetido estos términos a lo largo de este libro. Sin duda, hay que comprender el verbo «tranquilizar» en un sentido más amplio que el «simple» alivio del dolor del duelo (lo cual ya es de por sí considerable). Las implicaciones subyacentes a estos contactos son vertiginosas, como hemos visto en varias ocasiones. Se trata ni más ni menos que de revolucionar nuestra concepción de la muerte… y de la vida… y, ante todo, de nuestra propia vida (a menos, por supuesto, que esta convicción preexistiera de una manera un poco teórica pero sin basarse en la experiencia directa). Está muy claro que la idea de la muerte está constantemente presente en nuestro inconsciente, puesto que delimita todas nuestras actuaciones y todas nuestras esperanzas en el tiempo y, de manera absoluta, hace absurdos todos nuestros esfuerzos. En cambio, si nuestros actos, nuestras alegrías y nuestras penas encontraran una prolongación en una perennidad, si el sentido de nuestra existencia no se limitara al espacio de nuestra vida terrestre, entonces la concepción de nuestra vida cotidiana se vería profundamente trastornada, puesto que nuestra existencia adquiriría un significado fundamentalmente diferente. Así pues, quiero añadir un verbo suplementario a los que definen la función de las VSCD: el

---

120. Stéphane Allix, *Le Test: une enquête inouïe, la preuve de l'après-vie?, op. cit.*, p. 209.

verbo «informar». En efecto, las VSCD nos ofrecen la información de que nuestros seres queridos fallecidos han sobrevivido a la muerte de su cuerpo físico ¡una información capital!

¿Qué pueden hacer los vivos por sus muertos? Stéphane Allix escribe a este respecto:

«El difunto puede ser también consciente de haber fallecido pero encontrarse frenado por aspectos de su vida terrestre que no haya resuelto todavía. En efecto, puede ser consciente de haber pasado al otro lado pero tener que aceptar aún sus errores y perdonar a los vivos. Y aparte están los que no aceptan su partida. Y también quienes no se han liberado del todo porque sienten la necesidad de ayuda que experimentan los vivos».[121]

Allix precisa su pensamiento:

«Para Henry, como para todos los demás médiums que he consultado, hay que saber dejar que los difuntos sigan su camino. Se lo repiten con frecuencia a sus clientes: nuestros difuntos deben evolucionar independientemente. La muerte no significa que nos hayan abandonado. Hay que intentar ponerse en su lugar y tener presente que no querer evolucionar en nuestro sufrimiento puede culpabilizarlos. Con ello, los atraemos sin cesar hacia nosotros».[122]

El hecho de que el vínculo entre difuntos y vivos no se haya roto definitivamente implica una continuación de la dinámica de relación, que puede ser positiva o negativa para ambas partes. Podemos ayudarlos tanto como ellos pueden ayudarnos. Nuestro papel, como seres vivos, es dejar que sigan su camino, ayudarlos a continuar con su evolución en un lugar que es casi hermético para nuestra capacidad de comprensión, pero del que, sin embargo, tenemos una idea gracias a los testimonios de las experiencias alrededor de la muerte y gracias a los médiums. Nuestro

---

121. *Ibíd.*, p. 69.
122. *Ibíd.*, pp. 69-70.

último acto de amor debe consistir en liberarlos, en dejarlos partir, en no entorpecer su camino con nuestro sufrimiento y con nuestras lágrimas. Dejarlos partir no significa cortar el vínculo definitivamente, sino más bien dejar que se establezca la distancia justa. El médium Pierre Yonas lo concibe así:

«Para ver a los vivos, es necesario que los difuntos se acerquen, que rompan el velo que nos aleja a los unos de los otros. En cambio, sigue existiendo cierto vínculo entre ellos y nosotros. Así pues, cuando sienten que no estamos bien o que necesitamos ayuda, están cerca, de inmediato».[123]

Las VSCD de protección confirman, efectivamente, que están cerca de manera instantánea, incluso de manera constante, que están pendientes de nosotros en todo momento, incluso mucho tiempo después de su fallecimiento, incluso décadas más tarde, y que *intervienen* para impedir un drama. ¿Y qué ocurrió cuando no se ha evitado un drama? Esto, no lo sabemos...

Finalmente, cuando lleguemos al final de nuestra existencia terrestre, cuando suene la hora de la muerte, estarán ahí para acogernos y acompañarnos en nuestra nueva morada.

Concluyo aquí este intento de comparar las palabras de los médiums con los testimonios de quienes han vivido una experiencia de muerte inminente, una visión en el momento del fallecimiento o una vivencia subjetiva de contacto con un difunto.

✦ ✦✦✦✦✦✦✦✦✦✦✦✦✦✦✦✦✦✦✦✦✦✦✦✦✦✦✦✦✦✦✦✦✦

Las palabras de los médiums y los testimonios de las diferentes vivencias alrededor de la muerte convergen en numerosos puntos; poco a poco, las piezas del rompecabezas empiezan a ocupar su lugar.

✦✦✦✦✦✦✦✦✦✦✦✦✦✦✦✦✦✦✦✦✦✦✦✦✦✦✦✦✦✦✦✦✦✦

---

123. Allix Stéphane, *Le Test: une enquête inouïe, la preuve de l'après-vie?, op. cit.*, pp. 169-170.

Para cerrar este capítulo, añadiré que la cuestión de la autenticidad de las VSCD no está zanjada en el aspecto científico, por supuesto, a pesar de los datos empíricos de que disponemos. No obstante, la hipótesis de que la conciencia no está intrínsecamente unida a un cerebro en actividad, sino que, al contrario, le sobrevive en el momento del fallecimiento físico, es más sólida debido a los innumerables testimonios alrededor de la muerte. Allix abunda en este sentido al escribir que:

«Actualmente, la acumulación sin precedentes de estudios y testimonios que van de las EMI a los contactos espontáneos con un difunto, así como las experiencias de mediumnidad controladas en las investigaciones sobre la conciencia, hacen científicamente indefendible la visión materialista (que postula que la muerte es el final de toda conciencia)».[124]

Más allá de la cuestión de la autenticidad de las VSCD, ¿cómo debemos imaginar el mundo invisible —el mundo de los difuntos— basándose en las descripciones de las experiencias alrededor de la muerte y las palabras de los médiums? Pienso que, precisamente, *no hay que imaginarlo*. La dificultad de representarse el mundo *post mortem* y de explicar estos fenómenos con nuestras referencias es insalvable. La característica de estas experiencias es su inefabilidad. La traducción en palabras de estas percepciones es necesariamente aproximada e imperfecta. Es mejor evitar la banalización de una realidad cuyo alcance y esplendor sobrepasan el entendimiento humano.

Por otra parte, desconfiemos de las palabras y los conceptos que se refieren al espacio. Sin duda, sería erróneo imaginarnos «aquí abajo», en el mundo terrestre, y a los difuntos en alguna parte «allá arriba», en un mundo invisible. No cabe duda de que es más acertado hablar de «dos facetas de una misma realidad» o incluso de «una realidad mucho más amplia que englobaría a la nuestra». Sean cuales sean las palabras elegidas, los testimonios indican a las claras que la realidad espiritual forma parte de nuestro mundo físico.

---

124. *Ibíd.*, p. 126.

Unas palabras a modo de conclusión

Hemos llegado al final de este amplio recorrido por las VSCD. He presentado los diferentes tipos de vivencias subjetivas de contacto con un difunto, incluidas las visiones en el momento del fallecimiento, las VSCD que se producen en el contexto particular de la proximidad de la muerte. Los numerosos testimonios exclusivos compartidos con generosidad y sinceridad por quienes nos han escrito han consolidado la comprensión de estas vivencias, tanto desde el punto de vista de su fenomenología como de su impacto.

Vivir un contacto espontáneo con un familiar o amigo fallecido es una experiencia a la vez conmovedora y reconfortante que plantea numerosas preguntas. Los receptores quedan inmediata e íntimamente convencidos de la realidad de la experiencia, pero una reacción escéptica de su entorno puede desestabilizarlos. Con la participación de mis ilustres interlocutores, hemos hablado de las consecuencias de las VSCD para el proceso de duelo y ofrecemos numerosas pistas para extraer de ellas el máximo beneficio.

Se ha planteado la cuestión crucial de la autenticidad de los contactos *post mortem*. Las VSCD no son un fenómeno aislado, se sitúan en el contexto más amplio de otras experiencias alrededor de la muerte. El establecimiento de un paralelismo entre las experiencias de muerte inminente, las visiones en el momento del fallecimiento, las VSCD y las comunicaciones con los difuntos realizadas a través de un médium ha permitido sacar a la luz similitudes sobrecogedoras y vislumbrar una continuidad entre estas diferentes manifestaciones, que serían expresiones distintas de una misma realidad.

¿Qué nos enseñan las VSCD? Para empezar, implican que el duelo no es solo un periodo de gran tristeza que sufrimos como víctimas impotentes, sino que, al contrario, ofrece la oportunidad de crear un espacio de apertura y enriquecimiento, incluso de creatividad, en el que las VSCD ocupan un lugar importante. Estas experiencias no se limitan a reconfortar a las personas en duelo, sino que implican que sus seres queridos fallecidos han sobrevivido a la muerte de su cuerpo físico, una información o confirmación esencial para todos nosotros. Las VSCD experimentadas por millones de personas en el mundo constituyen una fuente de esperanza inaudita, y, ante todo, para nuestro propio destino más allá de la muerte.

Podemos deducir de los testimonios de VSCD que *los difuntos pueden ayudar a los vivos*. Esta constatación abre una nueva perspectiva, la perspectiva de un vínculo de relación continuo que se manifestaría, de forma muy excepcional, muy puntual y muy breve, en forma de contactos más allá de la muerte. Las VSCD de protección ilustran la permanencia de este vínculo, incluso mucho tiempo después del fallecimiento, pues nuestros seres queridos desaparecidos parecen estar pendientes de nosotros en todo momento y ser capaces de intervenir para evitarnos un drama. Las VSCD se inscriben en el marco más amplio de la construcción de un *vínculo interior* que se trata de crear con el familiar o amigo fallecido y que constituye lo esencial del trabajo de duelo.

¿Qué pueden hacer los vivos por sus muertos? Los testimonios de VSCD y las comunicaciones *post mortem* establecidas a través de médiums nos permiten comprender que *los difuntos, efectivamente, pueden necesitarnos*, lo cual, sin duda, para muchos es una sorpresa. Por nuestra parte, nosotros también podemos ayudarlos haciendo lo posible para no retenerlos demasiado tiempo con nuestra tristeza y nuestras lágrimas. «Dejarlos partir» no significa romper un vínculo inquebrantable, sino más bien dejar que se establezca la distancia justa, con toda confianza.

Las VSCD y otras experiencias alrededor de la muerte sugieren la existencia de una relación activa, dinámica y evolutiva entre los vivos y los muertos. Esta interacción más allá de la muerte se manifestaría en circunstancias muy raras y muy específicas, durante las VSCD y durante las EMI, cuando las personas que las experimentan se comunican con sus familiares o amigos fallecidos, y al acercarse la muerte, cuando los moribundos reciben información de sus seres queridos fallecidos, que les aporta paz ante una muerte inminente.

Confío en que los relatos de nuestros testigos te hayan aportado una buena comprensión de la naturaleza de las VSCD y que la opinión erudita de mis interlocutores te haya guiado en tus reflexiones. Espero ante todo que te hayas podido forjar tu propia opinión. ¿Quizá ahora te has convencido de la autenticidad y los beneficios de las VSCD? ¿Quizá ya lo estabas antes de leer este libro? ¿Quizá no estás en absoluto convencido y prefieres las posiciones prudentes, incluso escépticas, de algunos de mis interlocutores? Y quién sabe, ¿quizá algún día experimentarás una VSCD y la pregunta se planteará en otros términos, o no se planteará más?

En cualquier caso, ha sido un privilegio para mí guiarte en la exploración de las vivencias subjetivas de contacto con un difunto.

✦

Aportación de testimonios

Si crees haber experimentado una VSCD, te agradecería que me enviaras tu testimonio conciso a mi correo electrónico:

evelyn@evelyn-elsaesser.com

Tu experiencia me será muy valiosa para realizar futuras investigaciones.

¡Gracias por adelantado!

ECOSISTEMA DIGITAL